ANDY NEUMANN

Vergiss mal nicht!

ERNÜCHTERNDE BILANZ AN DER AHR Ein Jahr ist vergangen seit der schrecklichen Nacht vom 14. auf den 15. Juli 2021. Ein Jahr voller Höhen und Tiefen – für die Menschen im Ahrtal und für die Familie von Andy Neumann. Neben seiner persönlichen Situation sind es die »großen Themen«, die ihn nach der Flut oft bewegt und mit denen er sich sehr intensiv auseinandergesetzt hat:

- Warum gibt es bei echten Katastrophen keinen tragfähigen Katastrophenschutz?
- Welche Lehren ziehen wir, wenn es um den Umgang mit der Natur geht?
- Wann haben wir aufgehört, politische Verantwortung ernst zu nehmen?
- Und wieso können Helferstrukturen auch problematisch werden?

All das und mehr beleuchtet Neumann, angelehnt an ganz persönliche Eindrücke und Schilderungen aus dem vergangenen Jahr nach der Flut. Mit einem klaren Ziel: Lasst uns aus der Katastrophe lernen, sie ernst nehmen und die Schicksale an der Ahr nicht vergessen!

Andy Neumann wurde 1975 in Neuwied geboren. Er begann 1995 seine Kommissarausbildung beim Bundeskriminalamt und war anschließend neun Jahre lang als Ermittler im Terrorismusbereich tätig. Von 2008 bis 2010 absolvierte er sein Masterstudium an der Deutschen Hochschule der Polizei in Münster. Der Terrorismusbekämpfung und dem BKA blieb er treu. In seiner Freizeit ist Andy Neumann leidenschaftlicher Musiker. Im April 2020 erschien sein erstes Buch, »Zehn«, beim Gmeiner-Verlag, im Oktober 2021 folgte der SPIEGEL Platz 1-Bestseller »Es war doch nur Regen!?«. Neumann lebt mit seiner Familie im Ahrtal und wird dies auch weiterhin tun.

ANDY NEUMANN

Vergiss mal nicht!

GMEINER

Immer informiert

Spannung pur – mit unserem Newsletter informieren wir Sie regelmäßig über Wissenswertes aus unserer Bücherwelt.

Gefällt mir!

Facebook: @Gmeiner.Verlag
Instagram: @gmeinerverlag
Twitter: @GmeinerVerlag

FSC
www.fsc.org
MIX
Papier | Fördert gute Waldnutzung
FSC® C014496

Besuchen Sie uns im Internet:
www.gmeiner-verlag.de

Im Ehnried 5, 88605 Meßkirch
Telefon 07575/2095-0
info@gmeiner-verlag.de

1. Auflage 2022

Lektorat: Claudia Senghaas, Kirchardt
Umschlaggestaltung: U.O.R.G. Lutz Eberle, Stuttgart
unter Verwendung eines Fotos von: © Carmen Therese Glöckner
Druck: GGP Media GmbH, Pößneck
Printed in Germany
ISBN 978-3-8392-0251-7

VERGISS MAL NICHT!
EINE DENKSCHRIFT

Liebe Leserin, lieber Leser,

ich erspare Ihnen die Gedankengänge, die mich monatelang geplagt haben, wenn es um die Frage ging, wie ich der mal mehr, mal weniger subtilen Aufforderung meines Verlages, auf *Es war doch nur Regen!?* aufzusatteln, nachkommen könnte. Und springe direkt zum Ergebnis. Ein Essay. Ein kurzes, knappes Büchlein, das sich keiner kaufen muss, den es nicht wirklich interessiert, das aber (so meine Hoffnung) denen genügen wird, die sich damals dachten: Das hätte auch ein bisschen mehr sein dürfen.

Eine »Denkschrift« habe ich es genannt, und das mit gutem Grund. Denn, das werden Sie schnell erkennen, dieses Buch besteht nur zu einem kleineren Teil aus dem, was meiner Familie und mir widerfahren ist, nachdem der 14.08.2021 und damit der letzte Tag in *Es war doch nur Regen!?* vorbei war. Und zum deutlich größeren Teil aus den Themen, die nicht nur mich, sondern teils auch unser Tal seither bewegt haben.

Die manche oder viele hätten bewegen sollen.

Aus den Fragen, die sich gestellt haben, teils in der Nacht schon. Aus Antworten, die viel zu oft Adjektive wie »ernüchternd« oder »deprimierend« bis hin zu »erschütternd« oder »grotesk« verdient hatten. Eben aus Dingen, die mich nachdenklich gemacht haben, und von denen ich nicht nur hoffe, sondern auch erwarte, dass sie auch andere Menschen nachdenklich machen.

Was hier im Tal geschehen ist, darf nicht vergessen werden. Nun ist es aber so – wer wüsste es besser als wir? – dass das »Vergessen werden« ein Mechanismus ist, dem man sich nur mit aller Gewalt entziehen kann, und selbst dann nur mit Glück. Wenn Sie gegen Kriege am Rande Europas ins Rennen um mediale Aufmerksamkeit gehen, verlieren Sie, das darf ich Ihnen versichern.

Grundsätzlich völlig zu Recht.

Das macht es aber weder besser noch weniger enttäuschend!

Wenn es mir mit diesem Buch gelingt, ein klein wenig gegen das Vergessen anzukommen, das Bewusstsein für die epochale Katastrophe, unter der wir gelitten haben, ihre Folgen, ihre Lehren und die Themen, die mit ihr verbunden sind, wachzuhalten, und ich Ihnen am Ende vielleicht auch etwas zum Nachdenken gegeben habe, wäre mein Ziel erreicht.

Auch hier, so oder so: Ich danke Ihnen!

KAPITEL 1 – WIEDER HIER

»Wie geht es euch?«

Keine Frage wurde mir in den vergangenen Monaten häufiger gestellt, und keine wäre schwerer zu beantworten. Auch mein Verlag stellte die Frage, und nicht nur das. Den Naturgesetzen des Verlagswesens folgend, stellte er die Frage auch stellvertretend für die enorme Menge an Menschen (Ich liebe euch alle!), die mein Buch in seinen bisher elf Auflagen gelesen haben. Ein zweites Buch solle ich schreiben. Die Menschen würden wissen wollen, wie es weiterging.

Ja, dachte ich mir, wüsste ich auch gerne. Hab aber keine Zeit, darüber nachzudenken. Geschweige denn, darüber zu schreiben. Bis ins Frühjahr 2022 hinein. Dann geschah einiges, was mich zum Umdenken bewegte.

Doch zurück zur Ausgangsfrage:

Richtig »gut« geht es mir nicht. Richtig »gut« geht es uns nicht. Richtig »gut« geht's hier niemandem!

Es ist Frühjahr, dieses Buch wird im Juni 2022 fertiggestellt, und die Gemütslage ist, um es auf den Punkt zu bringen: müde! Wir sind müde, die Menschen um uns herum sind müde, das ganze Tal scheint müde zu sein. Und auch wenn das Frühjahr – die Blütenpracht, die ersten geöffneten Restaurants und Geschäfte – einiges bewegen konnten, ganz heilen konnten sie die Müdigkeit noch nicht. Dazu sind die Gründe zu stark, von denen ich im Wesentlichen drei nennen möchte:

Warten.
Enttäuschung.
Abstumpfen.
Um es gleich zu sagen: Ich habe keine Ahnung, ob das auf alle Menschen hier zutrifft, oder ob ich nur für mich selbst sprechen kann. Aber unterm Strich glaube ich schon, dass ich nicht ganz allein bin mit dieser Auflistung.

Warten tun wir nämlich alle! Auf Versicherungen, auf den Staat, auf Handwerker, auf letzte Möbel, auf schöneres Wetter, auf Dinge, über die wir uns freuen können …

Wir warten.

Seit fast einem Jahr.

Damit einher geht die Enttäuschung. Über Menschen, Firmen, Institutionen, die uns warten lassen. Über große und kleine Dinge, die nicht so funktionieren, wie wir uns das vorstellen. Und, nicht zu vergessen, die größte aller Enttäuschungen: die vollmundig versprochene, staatliche Unterstützung, repräsentiert in diesem Fall insbesondere vom Land Rheinland-Pfalz, das uns den Begriff »Enttäuschung« quasi auf die Innenseite unserer Lider tätowiert hat.

Schließlich also das Abstumpfen. Denn was sonst sollte helfen? Permanente Enttäuschung der eigenen Hoffnungen, andauerndes Warten, Vorankommen im Schneckentempo, in dem Wissen, dass auch dann, wenn man selbst es geschafft hat, um einen herum immer noch jahrelang so vieles in Trümmern liegen wird. Doch, man stumpft ab, glauben Sie mir.

Soweit die Kurzform.

Nun war ich ja nie der sonderlich hoffnungslose Typ, also lassen Sie sich bitte nicht einzig und allein davon beeinflussen, dass die Lage nach wie vor bescheiden ist.

Ich wurde irgendwann mal gebeten, auf den Punkt zu bringen, was denn verhindert, dass ich, dass wir alle hier völlig durchdrehen – oder Schlimmeres? Da kamen mir ebenfalls drei Dinge in den Sinn:

Liebe.

Hoffnung.

Humor.

Einfache Worte, aber mächtige Schwerter gegen die drei Ungetüme weiter oben.

Und auch wenn bei mir persönlich, außer der Liebe, die Schneiden schon ordentlich abgewetzt sind, kämpfen kann ich noch. Und das reicht. Es hat bisher gereicht, und es wird auch weiterhin reichen. Denn, und da kommt der Realismus dazu, den die Hoffnung ja gern mal verdrängt: Es kann weiterhin nur besser werden, nicht schlechter. Gut, außer bei der Frage der Verantwortung, da hilft nicht mal mehr Gottvertrauen. Aber ansonsten wird es besser, Tag für Tag, Schritt für Schritt, Gewerk für Gewerk, Möbel für Möbel, Bild für Bild.

Und ich weiß so sicher, wie ich es nur wissen kann, dass ich eines Tages, und sollte es noch Jahre dauern, in meinem Garten sitzen und mir denken werde: geschafft! Das Schlechte wird verblassen, das Gute wird bleiben. Für die meisten von uns kann das Leben wieder so schön werden, wie es vorher war. Für zu viele von uns wird das nicht der Fall sein, denn wo Menschen verloren sind, kann auch die Zeit nicht alles heilen.

Was die Neumanns angeht:

Wir sind wieder zu Hause, und das bereits seit Mitte Februar. Wie sich das anfühlte, werde ich in den folgenden Kapiteln immer wieder kurz schildern. Wie es sich jetzt anfühlt, kann ich Ihnen sagen: verdammt gut! Ja, wir sind müde, sind von vielem enttäuscht, sind ordentlich abgestumpft. Aber wir sind auch hier, gesund und glücklich! Wir haben uns immer noch alle, unser Haus ist noch da, es ist alles wiederaufgebaut, in Teilen schöner als vorher. Verzeihen Sie mir, wenn ich das so deutlich schreibe, aber in solch einer Situation sollte man in diesem Tal weiß Gott einfach die Klappe halten und sich freuen. Also tue ich das auch.

Lassen Sie uns also tun, was richtig ist, und uns das vergangene Jahr noch einmal genauer ansehen, denn es gab auch außerhalb unseres Hauses genug, das sich zu beschreiben lohnt.

KAPITEL 2 – SOMMER

Nach dem 15.08.2021, dem Tag, an dem ich *Es war doch nur Regen!?* abschloss, blieb nicht mehr viel übrig vom Sommer. Und das bisschen war eher unschön. Das Ahrtal erlebte zum ersten Mal seit der Katastrophe, dass die Mechanismen der medialen Berichterstattung, sagen wir mal, eher auflagenorientiert als auf Partikularinteressen ausgerichtet funktionieren. Der Truppenabzug der USA aus Afghanistan und alles, was daraus folgte, verdrängte naturgemäß das Geschehen in einem eher kleinen und beschaulichen Teil der Bundesrepublik unmittelbar aus den Schlagzeilen, wenn auch nicht, wie gern behauptet wird, aus den Medien.

Und zum Glück schon überhaupt gar nicht aus den Herzen der Menschen, die gekommen waren und weiterhin kamen, um zu helfen. Die Welle der Hilfsbereitschaft blieb ungebrochen, ich glaube sogar, auf ihrem absoluten Höhepunkt. Es war, solang man wusste, welche Stellen man ansprechen musste, schier unmöglich, keine Unterstützung zu erhalten. Was allerdings auch daran lag, dass zu diesem Zeitpunkt die Anzahl der Gebäude an der Ahr, in denen irgendwer schon hätte *aufbauen* können, gen null tendierte. Also dominierten die Abrissaufgaben, und dafür fand sich immer jemand.

Ich zum Beispiel meine beiden unermüdlichen Cousins Björn und Dirk, die mir mit stoischer Gelassenheit quasi den halben Außenputz im Alleingang abstemmten.

Und zwar vom Feinsten. Immer wieder ein Privileg, Menschen mit handwerklichen Fähigkeiten in der Verwandtschaft zu haben. Der Nachteil an der Stemmerei im ganzen Tal war, dass der Dreck einfach nicht weniger wurde. War es trocken, atmete man weiter Staub, und regnete es, badete man in Schlamm. Und es war ziemlich offensichtlich, dass dieser Zustand noch sehr lange andauern würde. Wirklich saubere Straßen und Gehwege sollte es für viele, viele Monate immer nur geben, wenn hochrangiger Besuch kam – letztmalig beim Kanzlerbesuch im März 2022 (!) beeindruckend dargestellt.

Ab dem 16.08.2021 ging ich wieder arbeiten, nach einer Ewigkeit, wie es mir vorgekommen war.

Sie müssen wissen, ich liebe meine Arbeit, und bei aller Priorität auf dem, was zu Hause getan werden musste, war es für mich schmerzhaft, so lange nicht arbeiten zu können (oder, um nicht undankbar zu klingen: zu müssen!).

Meine Leute hatten mir an meinem ersten Morgen im Büro eine Torte auf den Tisch gestellt Auf dieser stand »Willkommen zurück«.

Ich weinte. Kurz, aber ich tat es.

Und mir wurde erstmals, aber sehr deutlich bewusst, dass meine Emotionalität, sagen wir es mal vorsichtig, ganz minimal vom Vor-Flut-Zustand abwich. Diese Erfahrung sollte ich nicht zum letzten Mal gemacht haben. Und ich bin verdammt sicher, dass ich damit in diesem Tal nicht alleine bin.

Im darauffolgenden täglichen Trott aus Arbeiten, zu Hause weiter stemmen, trocknen, Müll entsorgen et cetera und nebenbei dem Versuch, halbwegs Zeit für die Familie aufzubringen, gingen, ach was, flogen die Wochen sprichwörtlich dahin. Ich könnte heute wirklich nicht mehr viel dazu sagen, wie die Sommerzeit ausging. Ich weiß aber noch, wie laut ich gelacht habe, als mir jemand sagte, die ADD als immer noch zuständige Behörde für den Einsatz an der Ahr habe in etwa kolportiert, die Infrastruktur sei wiederhergestellt. Ich hoffe bis heute, dass das eine Lüge war, denn schriftlich gefunden habe ich bis Anfang Oktober nichts dergleichen. Aber allein, dass alle der ADD eine solche Aussage zutrauten, spricht ja Bände. Glauben Sie mir, noch rein gar nichts war wirklich »wiederhergestellt« am Ende dieses Sommers.

Nun ja, »gar nichts« ist auch falsch. Mein Buch immerhin hatte ich am 31.08. fertig. Bis heute werde ich regelmäßig gefragt, wie ich das geschafft habe, daher die Antwort ein für alle Mal und für alle:

Ich habe keinen blassen Schimmer! Aber Kraft hat's reichlich gekostet, das spüre ich heute noch.

Am 06.09.2021 war auch die Satzversion des Buchs fertig, doch das viel spannendere Ereignis an diesem Tag war:

Ich sagte als Zeuge aus! Bei Beamten des Landeskriminalamts Mainz, im Rahmen des Ermittlungsverfahrens gegen den damaligen Landrat des Kreises Ahrweiler. Ich werde ihn »DerdessenNamenichtgenanntwerdendarf« nennen, im Tal findet man durchaus auch andere Namen, die ich aus Gründen des Anstands jedoch nicht wiedergeben möchte.

Was hatte ich mich auf diese Gelegenheit gefreut. Geradezu genüsslich gab ich meine Angaben zu Protokoll, sezierte, wie ich dachte, gekonnt Aussagen wie »Kommunikation war nicht möglich« und so weiter, diktierte den halbseidenen Warntext der Einsatzkräfte – die für diesen nichts konnten, immer wieder wichtig zu betonen! –

um 20.15 Uhr, wies in gebotener Vorsicht darauf hin, dass man den im Ahrtal seit dem 15.07. kursierenden »Abendessens«-Gerüchten aus meiner Sicht so intensiv nachgehen sollte, bis deutlich würde, ob beziehungsweise dass es sich nur um Gerüchte handelt et cetera, et cetera.

Doch schon als ich nach Hause fuhr, wurde mir mit brutaler Ernüchterung klar:

Das alles wird zu überhaupt nichts führen!

Zack, Stimmung dahin.

Nennen Sie mich einen Pessimisten, aber auch wenn das Ermittlungsverfahren mit Erscheinen dieses Buchs nicht abgeschlossen und das Ergebnis daher nicht bekannt sein wird, lautet meine Prognose: Einstellung! Und glauben Sie mir, noch nie hätte ich mich so gern geirrt wie in dieser Frage. Der Bevölkerung an der Ahr würde – unabhängig von der rechtlichen Würdigung, auf die es nun mal ankommt – nur schwer vermittelbar sein, dass ein solcher Verfahrensausgang »gerecht« wäre.

Von all dem abgesehen, erinnere ich mich an eine einzige weitere Sache in diesem Sommer nur zu gut. Nämlich an die ersten Tage, in denen ich meine Familie wieder bei mir hatte. Und an die Freude der Kinder, dass der Garten schon wieder so schön war (der völlig irrsinnige Einsatz mit »Jürgen«, als alle anderen mich für bekloppt erklärten – Sie erinnern sich?).

Einzig meine Frau war noch nicht ganz glücklich damit, denn bei aller Freude über den neuen Rasen und die vielen Pflanzen, die überlebt hatten, bemerkte sie (wäre mir nie, NIEMALS aufgefallen!) sofort, was fehlte: die ganzen Vögel! Und sie wäre nicht sie, wenn wir nicht wenige Tage und einiges an Spenden und Einkäufen später wieder Gezwitscher im Garten gehabt hätten. Fühlte sich auch gleich sehr viel besser an. Wie wichtig doch eine stabile, natürliche Umgebung ist. Was mich zum nächsten Kapitel und damit dem ersten der Themen führt, deren Bedeutung diesem Buch für mich einen Sinn gibt.

WARNUNG: Für Leugner des Klimawandels, Anhänger konsequenten Raubbaus an der Natur und Freunde von Schottergärten mag es sich anbieten, das Kapitel zu überspringen; Sie werden keine Freude haben!

KAPITEL 3 – ZUR KLIMAFRAGE

Neben der Frage politischer Verantwortung und der alles dominierenden Frage, wieso der Bevölkerungs- und Katastrophenschutz in Deutschland strategisch und konzeptionell so unfassbar schlecht aufgestellt ist, beschäftigte mich bereits in der Nacht der Flut und ständig danach ein weiteres Thema, über das ich schreiben möchte: die Klimafrage. An ihr scheiden sich die Geister, nirgends hat man das deutlicher erlebt als im Ahrtal. Diskutieren Sie mal mit Lokalpolitikern, die Wohnraum für Menschen schaffen oder Gewerbeflächen ausweiten wollen, um nachfolgende Generationen mit Wirtschaftskraft zu versorgen, über die Möglichkeit, freie Grünflächen doch einfach mal freie Grünflächen bleiben zu lassen. Nach so einer Katastrophe. Da wird aber mit aller Macht das Katastrophengedächtnis ausgeschaltet, das kann ich Ihnen sagen. Mich hat das einfach nur frustriert.

Es ist so, dass ich zwei feste Ansichten habe, die nicht alle von Ihnen teilen werden; daher hoffe ich, dass Sie trotzdem bei der Stange bleiben, auch wenn Sie das, was nun kommt, für totalen Blödsinn und mich für ein Schaf halten sollten.

<u>Erstens:</u>
Der Klimawandel ist nicht nur real, sondern bereits mehr als greifbar. Er ist, jedenfalls zu einem guten Teil, menschengemacht. Und er ist, wenn überhaupt, dann nur noch mit einer immensen, weltweiten Kraftanstrengung

umkehrbar (plus: »umkehrbar« heißt nicht, dass in zwei Jahren alles wieder supi ist, sondern dass erst Generationen nach uns die positiven Auswirkungen spüren werden).

Zweitens:
Wenn ich an das »wenn überhaupt« im ersten Punkt glaube und daraus einen Imperativ formen möchte (das tue ich), dann muss ich, so unbequem das auch ist, möglichst alle anderen Ziele und Pläne diesem einen unterordnen. Und zwar so gut, wie es eben geht – und umso mehr, je mehr Macht ich habe.

So, und nun leben Sie im Ahrtal, erleben diese Katastrophe, wachen auf und stellen fest, dass Ihre Welt komplett aus den Angeln ist. Dann haben Sie zwei Möglichkeiten: Sie können sagen: »Schicksal, wird schon nicht wieder vorkommen.« Oder Sie können, wie ich, die beiden oben genannten Ansichten teilen und sind vom ersten Tag an gezwungen, alles zu tun, was in Ihrer Macht steht, um ein Beispiel dafür zu geben, was machbar ist, um die Wahrscheinlichkeit solcher Katastrophen zu verhindern. Um mit exakt denselben Instrumenten zugleich die Risiken zu minimieren, falls es doch noch einmal zu einer solchen Katastrophe kommt.

Ich persönlich denke ja, dass sich das eher simpel anhört, dass die Logik darin unumstößlich ist, dass kein ernsthafter Widerspruch möglich ist. Dass man also, gerade, wenn man in politischer Verantwortung ist, entweder genauso handelt, wie ich es hier schildere, oder meine Grundannahmen nicht zu teilen vermag.

In der Realität ist es vermutlich so, dass gerade die lokalen politischen Entscheider meine erste These oben durchaus teilen (jedenfalls würde niemand wagen, sie öffentlich abzustreiten); aber damit hört es dann auch auf. Bei der zweiten These kommen dann die »Ja, aaaabers«, die »realpolitischen Zwänge«, die »Komplexität«, der »Wählerwille« (Subtext: und die gefährdete Wiederwahl!) et cetera, et cetera, und im Ergebnis folgt das, was ein früherer Vizepräsident meiner Behörde immer gern zitierte:

»In Gefahr und größter Not bringt der Mittelweg den Tod!«

Wunderbares Zitat, offenbar auf den Dichter Friedrich von Logau zurückzuführen. Verstehen Sie mich nicht falsch, ich verfalle ungern in apokalyptisches Vokabular, ich möchte auch nicht, dass irgendwer in Panik verfällt, aber es ist doch so:

Alle, die erstens Ahnung von der Materie und zweitens halbwegs etwas zu sagen haben, machen deutlich, dass Starkregen- und andere Naturereignisse, aus denen eben auch -katastrophen werden können, infolge des Klimawandels eher zunehmen werden.

Hier an der Ahr hat man eine solche Katastrophe und ihre Folgen direkt und unmittelbar erlebt. Und glauben Sie mir, jeder hier sieht darin eine Gefahr, jeder erkennt die Not!

Und *trotzdem* wurde in der Folge gnadenlos zubetoniert, was nicht niet- und nagelfest war!

Nicht ansatzweise fertiggestellte Prestigeprojekte unmittelbar an der Ahr: zack, rausnehmen aus dem Hochwassergebiet, bauen wir!

Teerwege direkt an der Ahr: zack, bauen wir!

Neue Gewerbegebiete auf bisherigen Grünflächen im Stadtgebiet: zack, bauen wir!

Vierspurige Straße, von der eine gesamte Spur durch die Ahr weggerissen wurde? Egal, wird wieder vierspurig!

Aber: Holz neben dem Haus lagern? Schaukel für die Kinder mit Betonfundament versehen? Gar einen Zaun errichten? Oder einen Schuppen für das Holz bauen, das man ja nun mal lose nicht lagern darf (und das man zum Heizen braucht, wenn alles andere verboten oder nicht verfügbar ist)?

Teufelszeug, da kommt dann aber auch keiner am Bauamt vorbei!

Ehrlich, ich kenne einen Naturhof, der Monate verzweifelt durch alle Instanzen jagte, um die notdürftig und schnell wieder errichteten Weidezäune und Ställe nicht abreißen zu müssen. Wohlgemerkt, *da sind Tiere drin.* Kann man ja mal frei laufen lassen. Hochwasserzone bleibt Hochwasserzone.

Jedenfalls für die Bürger.

Und sehen Sie, das ist einer der Gründe, aus denen ich mich so schwertat, ein weiteres Buch zu schreiben, und ich von Beginn an gar nicht erst den Eindruck aufkommen lassen möchte, es gebe hier auch wieder viel zu lachen.

Das ist nicht witzig.

Das ist vollkommen irre!

Und gerade solche Dinge müssen benannt werden, da müssen Sie also jetzt durch.

Lacher bringe ich dann später noch. Hoffe ich.

Dennoch, es gab und gibt auch Positives in der Klimafrage, ich muss also nicht nur schimpfen. Überraschung: Das Positive ist eher im privaten Bereich zu suchen.

Ich hatte im vorigen Kapitel angedeutet, dass meine Frau bei allem, was kaputt war, in all dem elenden Chaos um uns herum, jedenfalls in meinem persönlichen Umfeld der erste und einzige Mensch war, der wortwörtlich um die Natur weinte. Dazu muss man wissen, dass unser Garten nicht nur für uns Menschen ein Paradies war, sondern auch für Tiere. Schmetterlinge, Bienen, leider auch die garstigen kleinen ...biester, die meine Erdbeeren gefressen haben, aber vor allem: unglaublich viele Vögel! Meine Kinder kannten einige davon, zum Beispiel ein markantes Amselpärchen, *namentlich*. Alles der Mutter zu verdanken, hier bitte keine credits für mich.

Und als sie wieder zu Hause waren, wie schon gesagt: Nichts, aber auch gar nichts summte und/oder zwitscherte! Flora auf gutem Weg, aber wenig bis gar keine Fauna. Bis zu der Naturgewalt an meiner Seite. Da wurde nicht lange gefackelt, da wurde gemacht.

Aber lesen Sie selbst:

14.9.2021, Facebook – Posting meiner Frau:
Ihr Lieben,
Leben kehrt in meinen Garten zurück! Heute begrüßte mich das Meisen-Pärchen, das dieses Jahr bei uns genistet hat (ja, ich kann sie wiedererkennen), auf unserem Walnussbaum.
Ein paar Spatzen flogen auch vorbei. Das hat ganz sicher etwas mit den vielen tollen Futterspendern, die ich von ganz lieben Leuten geschenkt bekommen habe, zu tun. Auch ganz viele schöne Insektenhotels habe ich bekommen. Das macht mich alles sehr glücklich!
Ich möchte gerne meinen Beitrag zum Wiederaufbau des Ahrtals leisten. Da ich kein Handwerker bin, sondern Biologin, würde ich meinen Anteil darin sehen, das Ahrtal wieder lebenswert auch für Flora und Fauna zu gestalten. Und somit auch für uns. Viele sind in den letzten Tagen zu

mir gekommen und haben gesagt, wie schön es ist, ein Stück heilen Garten zu sehen. Fast alle müssen sich auf so viele andere – im Moment wichtigere – Dinge konzentrieren. Ich möchte ihnen ein bisschen Freude schenken, indem wir ihre Umgebung bunter, lebendiger gestalten.
Samen effektiv zu streuen, macht erst im Frühjahr Sinn, und dann muss es sich dabei um regionale Pflanzen handeln, wenn es um außerhalb des eigenen Gartens geht. Dazu werde ich meine Hausaufgaben machen und mich melden. Saisonal bedingt machen erst mal nur Futterhäuser für Wildtiere Sinn. Und entsprechendes Futter.
Ich weiß, dass es sehr viele tolle Menschen gibt, die an uns denken und gerne helfen möchten.
Meine Bitte: Baut Futterhäuser, Nistkästen mit der Schulklasse, Kita-Gruppe, zu Hause oder kauft welche. Gerne stehe ich als Sammel- und Verteilerstelle bereit.
Lasst uns das Ahrtal wiederbeleben! Lasst es leben!

Das Ende der Initiative, die daraus entstand, ist noch gar nicht erreicht, und ich bin nicht sicher, ob wir bisher sogar nur den Anfang erlebt haben. Aber für mich war und ist das Ganze legendär, und ich ziehe meinen Hut! Natürlich habe ich unterstützt, so gut es ging. Habe hilfreiche Kontakte hergestellt. Gelder aus dem Bucherlös gespendet. Wenigstens versucht, ihr die zeitlichen Freiräume zu verschaffen, die nötig gewesen wären, und bin oft genug gescheitert. Aber aus all dem hat sie so richtig etwas gemacht, unterstützt von zahlreichen anderen Menschen aus dem ganzen Land, die ihrem Aufruf gefolgt waren und nicht müde wurden, Nistkästen, Futter, Blumen, Samen, Geld, Zeit (!) und so vieles mehr zu spenden (allen voran ein ganz lieber alter Schulfreund von mir, Hendrik, den ich seit locker 30 Jahren nicht gesehen hatte, der es sich aber nicht nehmen ließ, meiner Frau ein ganzes Wochenende lang mit einigen anderen tollen Menschen aus seiner Firma bei ihrem »Bienenkorridor« zu helfen).

Was das mit dem Thema zu tun hat, und wieso ich das alles schildere, wenn es nicht nur darum gehen soll, meine Frau in den Himmel zu loben, wurde auch mir erst im Laufe der Zeit klar:

Das Klimathema lösen wir nicht politisch!

Tut mir leid, den Glauben habe ich nicht nur verloren, den habe ich nie besessen. Denn in der Tat ist es die Realpolitik, sind es die Zwänge, in denen man steckt, die Komplexität, die Wechselwirkungen der Prozesse, der Wählerwille, das verdammt sein zum Kompromiss, also alles, was unsere Demokratie ausmacht, was radikale politische Lösungen ganz sicher verhindert. Doch wenn, dann bräuchte es nun mal radikale Lösungen. Politisch!

Menschlich dagegen wäre es so viel einfacher:

Wir müssten nur alle, wirklich alle unsere Gewohnheiten und Bedürfnisse nach und nach mehr an die Natur, an die Tier- und Pflanzenwelt anpassen. Jeder für sich, mal mehr, mal weniger, aber alle in die eine Richtung. Bitte auch hier nicht falsch verstehen: Ich bin kein Bekehrer, verbiete niemandem sein Steak (würde selbst nie darauf verzichten), seinen Fernseher, sein Handy oder seine Urlaubsreisen. Aber auch ich habe gelernt, sehr viel maßvoller mit unseren natürlichen Ressourcen umzugehen. Ich esse schon ewig kein Discounterfleisch (oder Wurst) mehr, dafür inzwischen sehr viel weniger (die Kostenfrage kommt ja gern als Gegenargument). Ich fahre, so oft es geht, mit dem Rad zur Arbeit statt mit dem Auto (es muss auch kein teures E-Bike sein, es gab Zeiten, da sind sogar Kinder mit Fahrrädern zur Schule gefahren, man stelle sich das vor!). Wir geben im Winter monatlich mehr Geld für Vogelfutter aus als etwa fürs »essen gehen«. Haben beim Wiederaufbau noch sehr viel mehr darauf geachtet, wirklich alles grün und farbenfroh zu machen, was möglich war, wie unsere Zufahrt oder das Terrassendach. Und wir sind noch nicht fertig.

All das liegt in meinen, in unseren eigenen Möglichkeiten. Es bedarf keiner politisch gesteuerten Prozesse. Also tun wir es. Warum?

Weil, neben dieser unfassbaren Katastrophe, die uns verdeutlicht hat, was die Natur mit uns machen kann, wenn wir sie nicht beachten, vor ziemlich genau 50 Jahren der Bericht *Die Grenzen des Wachstums* im Auftrag des *Club of Rome* unter anderem gnadenlos und auf den Punkt folgendes festgestellt hat:

»Wenn die gegenwärtige Zunahme der Weltbevölkerung, der Industrialisierung, der Umweltverschmutzung, der Nahrungsmittelproduktion und der Ausbeutung von natürlichen Rohstoffen unverändert anhält, werden die absoluten Wachstumsgrenzen auf der Erde im Laufe der nächsten 100 Jahre erreicht.«[*]

Vor! 50! Jahren!

Nur! Noch! 50! Jahre!

Und weiß Gott, das waren keine Dummköpfe, die diesen Bericht verfasst haben. Die damaligen Studienergebnisse wurden bis ins Jahr 2014 mit den realen historischen Daten verglichen. Mit dem Ergebnis weitgehender Übereinstimmung[**].

Das können Sie jetzt ignorieren, und einige werden es auch tun, dagegen kann ich nichts machen. Seien Sie versichert, es finden sich, wie in der Wissenschaft üblich, auch Veröffentlichungen, die Ihnen klarmachen wollen, dass der CoR nur Unsinn verzapft hat.

---

* Meadows u.a.: *Die Grenzen des Wachstums* 1972, Übersetzung Hans-Dieter Heck, Verlag S. Hirtzel, 2020, ISBN-10-377762957X

** G. Turner: *Is global collapse imminent?* In: Melbourne Sustainable Society Institute, The University of Melbourne, (Hrsg.): MSSI Research Paper. Nr. 4, 2014 (edu.au)

Ich werde das aber nicht ignorieren.

Meine Familie wird es auch nicht.

»Wäre es nicht ein Traum, wenn wir in unserem Tal eine nachhaltige und sinnvolle Begrünung angehen würden, die zum Erhalt der Artenvielfalt beiträgt? Es wäre ein Zeichen, dass wir verstanden haben, was auf dem Spiel steht. Dass wir die Unterstützung und Solidarität, die wir in den letzten Monaten erfahren haben, verdienen und deshalb nicht nur weiter, sondern auch besser machen«, gab meine Frau der lokalen »Stadtzeitung« einmal zum Protokoll. Nichts hinzuzufügen!

Und der Erfolg der Initiative meiner Frau hat mir gezeigt, dass ganz viele Menschen hier im Tal das auch nicht tun. Hat gezeigt, wie vielen Menschen die Natur genauso sehr am Herzen liegt wie ihr. Das ist keine Minderheit, das sind viele. Daraus muss sich doch was machen lassen?

Mein dringender Appell an Sie alle wäre also:

Warten Sie nicht! Verlassen Sie sich nicht darauf, dass politische (schon gar nicht globale!) Lösungen Ihnen die Arbeit abnehmen werden. Sondern tun Sie selbst, was Sie können. Geben Sie ein Beispiel. Wenn es irgendwann die Mehrheit tut, wer weiß, vielleicht schwappt es über? Die Welt zu ändern, ist ein unglaublich naiver Traum, für Einzelne. Aber es ist kein Ding der Unmöglichkeit, wenn sich mehr und mehr Menschen von einer Idee anstecken lassen, die überzeugt.

Und diese Idee, das Konzept höherer Achtsamkeit, individueller Anpassung auf die Bedürfnisse der Natur zu, statt immer weiter von ihr weg, halte ich für überzeugend.

Sie auch?

Dann willkommen im Klub!

KAPITEL 4 – HERBST

Der Herbst 2021 war maßgeblich von zwei Dingen geprägt:

Dem Erscheinen meines Buchs und dem so was von unfassbarem Sturm, der mich daraufhin erwischte.

Und dem zähen, elenden Warten darauf, dass es am Haus endlich in Richtung Wiederaufbau gehen würde.

Fangen wir mal mit dem Haus an.

Wer *Es war doch nur Regen!?* gelesen hat, weiß, wie viel Glück ich mit der Mischung aus einer Wohngebäudeversicherung, guten Freunden, gutem Netzwerk und etwas Tatendrang hatte. Wir lagen also gut in der Zeit. Einziges Problem war: Die Außenmauer, an die Sie sich erinnern werden, trocken zu bekommen, brauchte, selbst bei intensivstem Aufwand, Zeit. Denn Dämmwolle bekommt man nicht mal eben so trocken. Dämmwolle will nach allen Regeln der Kunst ausgesaugt werden. Was konkret bedeutete: Wir haben bis Anfang November mit teilweise bis zu 40 KW an Wandheizungen und einem Trocknungsvolumen, das einem mittelgroßen See zur Ehre gereicht hätte, die Wände malträtiert.

45 Grad Erdgeschosstemperatur, ein Heidenspaß, sage ich Ihnen. Bis dann endlich die Werte stimmten. Und wir mit dem Innenputz beginnen konnten. Durch kluge Vorplanung und vor allem die Zuverlässigkeit von Martin Pastoors und seinen Leuten konnten wir Ende November den Estrich gießen lassen. Unser Plan, spätestens im März wieder einzuziehen, sah also immer noch gut aus.

Für das *Facebook*- Posting am 29.11.2021

»Repeat after me:
Estrich! Ist! Geiler! Scheiß!«

bekam ich erschreckend viele likes, was in etwa verdeutlicht, was das Ahrtal inzwischen vom Handwerk und dessen Leistungen hält. Völlig zu Recht. Wenn keines meiner Kinder in ein Handwerk geht, werde ich echt zickig!

Was man von Versicherungen nicht behaupten kann, die sind für die meisten Menschen im Tal inzwischen die Pest. Was ich sehr gut verstehen kann, wenn man sich die Geschichten einmal anhört, die es zu Hunderten zu erzählen gibt. Für viele Menschen sollte es zur großen Hoffnung werden, bis zum ersten Jahrestag vielleicht endlich mal Klarheit zu haben, ob und wie viel Geld sie bekommen. Ein Jahr, zahlreiche Gutachten, Gegengutachten, Pokerspiele mit viel zu niedrigen Werten, das ganze Programm.

Das macht einen fertig. Da hängen Existenzen dran. Existenzen, die dachten, sie hätten sich mit viel gutem Geld für exakt solche Lagen abgesichert! Ehrlich, ich weiß nicht, wie manche Versicherungsvorstände bei solchem Vorgehen noch in den Spiegel blicken können.

Meine eigene Versicherung hat sich, nach dem durchaus holprigen Start, in Person unserer *GSR* wirklich sehr kooperativ gezeigt, vor Jahresende war bei uns alles geklärt. Ein angemessener Zeitraum, ein solides Gutachten, eine vernünftige Abwicklung. So, wie es immer und bei allen sein sollte.

Weshalb ich mich dafür auch aufrichtig schäme!

Denn Sie können sich nicht richtig freuen, wenn Ihnen klar ist, dass Sie auch in dieser Frage so viel mehr Glück haben als viele andere. Noch mal: Die meisten Menschen waren nicht einmal versichert, und die Performance der landeseigenen ISB in Sachen staatlicher Hilfsgelder war, vorsichtig ausgedrückt, nicht so richtig flott (es ist mir so was von schleierhaft, wie das Land Rheinland-Pfalz für eine solche Mammutaufgabe eine winzige Landesbank auswählen kann statt etwa die KfW zu fragen – aber es passt wunderbar ins Gesamtbild).

Und zu viele weitere Menschen, die versichert waren, haben monatelange Kämpfe geführt, statt, wie es das Versprechen einer jeden Police ist, abgesichert zu sein! Einfach zum …

Was der Herbst sonst noch bereithielt? Mal sehen.

Unsere Kinder konnten wieder in den Kindergarten gehen. Was weiß Gott nicht selbstverständlich war, die Infrastruktur in Sachen Schulen und Kitas war nach wie vor desolat. Man bemühte sich, Ausweichmöglichkeiten zu finden, und war dabei nicht immer sonderlich erfolgreich, vollkommen abstruse Vorschläge eingeschlossen, die stundenlange tägliche Fahrzeiten für die Schülerinnen und Schüler beinhalteten. Doch unsere Kita hatte es geschafft, in den Nahbereich umzuziehen. Für die Kinder war das ein Segen, nach der Coronazeit umso mehr. Und uns verschaffte es zeitlich etwas Spielraum, den vor allem meine Frau sehr gut gebrauchen konnte.

Ach ja, und noch etwas. Endlich so was wie ein Lacher, ich hatte es ja gehofft.

Das Land Rheinland-Pfalz teilte mir am 04.10.2021 mit, dass ich in einem Überschwemmungsgebiet lebe … Kurz schwelgte ich in Erinnerung an das legendäre Telefonat, in dem ich mich mit der beabsichtigten »Leckageortung« konfrontiert sah, und lachte laut auf. Dann fiel mir auf, dass das belustigte »Ach!?«, das einem auf den Lippen lag, eher kurzsichtig war.

Denn hier ging es ja nicht darum, mir zu sagen, was ich schon wusste.

Hier ging es darum, allen zu sagen, was offensichtlich war: dass man im Nachgang zur Katastrophe zuallererst mal daran ging, den Bürgern gegenüber deutlich zu machen, dass sie es sind, die künftig die Last zu tragen haben. Denn man hat ja zwei Möglichkeiten: Man kann mit allen staatlichen Kräften sehr, sehr vieles unternehmen, um das Überschwemmungsgebiet vom 14. – 15.07.2021 bei künftigen, vergleichbaren Ereignissen nicht mehr in Gänze zum Überschwemmungsgebiet zu machen (siehe Kapitel »Zur Klimafrage«, aber auch zeitnahe Hochwasserschutzkonzepte wären sicher eine Option gewesen).

Oder man zeichnet einfach das nun bestehende »worst case«-Gebiet aus und sagt dem Bürger: Nu kümmer' dich mal! Und das wurde allen, die lesen konnten, schmerzlich bewusst. Denn was man alles nicht mehr durfte, ging an die Substanz, und da stachen mir zwei Punkte wirklich überdeutlich ins Auge:

- Keinerlei bauliche Maßnahme (um es abzukürzen: keine Schaukel für die Kids betonieren, kein Schuppen mit Fundament, kein Zaun, schon gar nicht gegen die Flutrichtung …) ohne Genehmigung
- Keine Lagerung von Brennholz außer Haus. Sehr spannend für die Menschen etwa in der Innenstadt von Ahrweiler, die keine Gasmöglichkeit hatten, keine Ölheizung mehr betreiben durften, daher Kamine gespendet bekamen und das Holz dazu nun faktisch im Haus lagern sollten. Aber hey, Stromheizkörper kosten ja quasi *nix* im Dauerbetrieb, wären also sicher eine super Lösung gewesen! Das eigentlich Lustige an dieser Holz-Sache war aber die Begründung: Bei einer neuen Überflutung schwimmt Holz weg und verstopft die Brücken. Das lassen Sie mal kurz sacken. Dann googeln Sie schnell, wie viele Brücken an der Ahr überhaupt noch stehen. Dann fragen Sie sich, wieso man Autos, Wohnwagen und ähnliches Sperrgut dann außer Haus lagern darf – oder ob die alle plötzlich *nicht mehr* wegschwimmen. Und wenn Sie ein Feinschmecker der Schildbürgerstreiche sind, fragen Sie sich, wieso man also loses Holz nicht lagern darf, Holz in einem Behältnis aber schon. Welches man aber nicht einbetonieren darf. Ergo schwimmt es weg. Aber ich bin sicher, dass es mir lediglich am nötigen Horizont mangelt, um das alles zu verstehen.

Um es deutlich zu sagen: Ich bin der Letzte, der unseren Staat und seine Institutionen je als solche infrage stellen würde, dazu bestand und besteht auch nach all den Enttäuschungen, dem Versagen und den gebrochenen Versprechen an der Ahr keinerlei Anlass. Aber mich würde wirklich interessieren, was in den Köpfen von Menschen vorgeht, die ein ganzes Tal voller Betroffener haben und diese quasi zum zweiten Mal zu Betroffenen machen, indem sie ihnen ein »Sieh zu, wo du bleibst!« vor die Füße schmeißen, während gleichzeitig durchsickert, dass noch im Rohbau befindliche Neubauten direkt! an! der! Ahr! mit Hochdruck weitergebaut werden dürfen.

Der Titel dieses Buches lautet nicht von ungefähr *Vergiss mal nicht!*. Gewählt wird immer wieder. Und das demokratische Spektrum bietet eine Menge Alternativen.

Politisch am spannendsten war darüber hinaus die Anzeige, die ich am 12.11.21 im lokalen Blättchen fand. Der/die neue Landrat/rätin wurde gesucht. Die Reaktionen auf mein spaßig gemeintes »*Es juckt mich ja in den Fingern*« auf *Facebook* machten mir klar, dass ich die Stimmen fürs Antreten wohl in 20 Minuten zusammenbekommen hätte. Ehrte mich, absolut! Aber ernsthaft wollen kann so einen Job niemand, der eine Arbeit hat, die er gern macht, in der er gut ist und mit der er seine Familie bereits ganz gut ernähren kann. Dachte ich immer. Dennoch, heute, einige Monate später, denke ich erstmals darüber nach, mich kommunalpolitisch doch mal aktiv einzubringen. Ich glaube, es ist langfristig nicht damit getan, immer nur an der Seitenlinie zu stehen und zu sagen, dass man es vielleicht besser könnte (und allein die wirklich pfiffigen Menschen im Tal, die ich kenne und die es genauso sehen, würden für einen komplett neuen Kreistag reichen).

Am Ende hilft nur Machen.

Wir werden sehen, wo der Gedanke hinführt.

Was das Tal angeht, so stand aus meiner Sicht im Herbst schon fest, dass die ständig schwankenden Stimmungslagen, was die Aussichten auf erfolgreichen Wiederaufbau angeht, sich endgültig verfestigt hatten: Man wollte wiederaufbauen. Man wollte bleiben. Jedenfalls alle, die es körperlich, finanziell und emotional durchhalten konnten. Und das war verdammt gut so! In diesem Zusammenhang muss eine der besten Ideen genannt werden, die unsere kommunale Verwaltung nach der Flut hatte: Die »Pop-up-Malls« in der Kreisstadt.

Hatte bereits Jessica Bälz mit ihrer »Pop-up-Buchhandlung« im eigenen Wohnhaus bewiesen, dass es nicht zwingend eines perfekten Ladens bedarf, um sein Auskommen zu verdienen, sollte sich dieses Modell durch die »Pop-up-Stores« noch einmal klar beweisen. Ich habe nicht mit allen Betreibern gesprochen, aber von denen, die ich etwas besser kenne, weiß ich, dass die Menschen ihnen den Improvisationswillen gedankt und in so manchem Fall sogar durch höhere Umsätze als in Vergleichszeiträumen belohnt haben. Ich selbst habe den Käsemann am meisten gefeiert, der aus der Ahrhut in die *Mall Ahrweiler* gezogen ist, um den weltbesten Käse von dort aus anzubieten. Sie haben nicht gelebt, wenn Sie nicht an der Ahr waren und den *Roten Teufel* zu bestem Spätburgunder gegessen haben, glauben Sie mir!

Aber auch andere nutzten die Chance und machten damit deutlich, dass Aufgeben für sie keine Option ist.

Wie Hugo Heinzen, den ich – krank, aber mit genug Kraft für einen kurzen Spaziergang – am 16.11.21 kurz in der Mall besucht hatte. Es war einfach herrlich, das zu sehen. Gerade in Hugos Fall: fünffach betroffen, der Mann. Fünfmal! Er selbst, seine Mutter, zwei Söhne und der Laden. Und dennoch keine Spur von Resignation, jedenfalls nicht in der Außenwirkung.

Mal ehrlich, muss man ein Tal, das solche Menschen hervorbringt, nicht einfach lieben?

So, dann bliebe zum Herbst nur noch zu schreiben, was mit meinem Buch passierte. Ich frage mich schon beim Schreiben, ob das überhaupt jemanden interessiert, aber ich schätze, wenn es anders ist, wird meine Lektorin mir die Passage schon rausstreichen. Falls nicht, here we go!

Am 06.10.2021 sollte *Es war doch nur Regen!?* erscheinen. Deutlich früher wurde dem Verlag und mir klar, dass die Erstauflage nicht mal den Bedarf decken wird, den Jessica für ihre Buchhandlung in Ahrweiler bestellt hatte. Am 05.10., einen Tag vor Erscheinen, war ich bei *Amazon* in den Top 1.000, am 07.10. in den Top 100. Die Medienlage überschlug sich, von *Stadtzeitung* bis *Spiegel* war alles dabei. Lkws mit Paletten fuhren bei Jessica vor. *Amazon* war »down«, wochenlang, man sah dort vermutlich irgendwann ein, dass man, um die Nachfrage bedienen zu können, das Buch vielleicht im Vorfeld mal hätte *bestellen* sollen. Gut für den lokalen Buchhandel, ich hoffte damals und hoffe weiterhin, dass die Menschen sich wieder deutlich mehr den lokalen Buchläden widmen.

Der Verlag suchte europaweit (!) nach Druckereien, um den von uns allen völlig unterschätzten Bedarf irgendwann zu befriedigen. Und es sollte bis nach Weihnachten dauern, um »vor die Lage zu kommen«, also endlich mehr Bücher am Markt zu haben als gekauft wurden.

Am 11.10., also fünf Tage nach Erscheinen, kam dann der erste Hammer, auf den ich nicht klarkam: Ich stieg auf der *Spiegel*-Bestsellerliste ein.

Und das alles war ja nur der Anfang.

Ich könnte noch so viel mehr dazu schreiben, aber das interessiert am Ende keinen. Was mir aber, von diesen unfassbaren Fakten abgesehen, wichtig war und was sich auch aufzuschreiben lohnt, ist die Wirkung, die das Buch erzielte. Und die mir so schonungslos verdeutlichte, welche Macht in Worten liegt, dass ich für mich beschlossen habe, dass ein Leben ohne paralleles Autorendasein keine Option mehr ist. Sie können sich das nicht vorstellen, aber sowohl die schiere Anzahl der Nachrichten, die mich aus dem ganzen Land bis heute erreichten, als auch deren Inhalt waren, es gibt kein treffenderes Wort: überwältigend.

Es war einfach alles dabei, was mein Herz höherschlagen ließ, Tag für Tag, in jeder einzelnen der ganz sicher über 1.000 Nachrichten. Einige davon würde ich Ihnen gern zum Lesen anbieten, denn die Verfasser waren alle so lieb, mir die Freigabe zu erteilen, und ich finde, sie stellen exemplarisch sehr gut dar, was für eine Woge über mich hereinbrach, die den eigentlichen Bucherfolg ausmachte:

»Ich habe gerade Ihr Buch in den Händen, aktuell auf Seite 47. Meinen allergrößten Respekt Ihnen, Ihrer Familie und allen Anwohnern für das, was Sie alle leisten und umsetzen. Ich konnte/durfte mir als Helfer des THW selbst ein Bild der Situation in Ihrer Heimat machen. Beim Lesen Ihrer Zeilen habe ich Ihre beschriebene Region genauestens vor Augen. Wir konnten zwar nicht lang helfen, hoffen aber wenigstens etwas bewirkt zu haben. Ich werde Ihr Buch wärmstens weiterempfehlen. Ich wünsche Ihnen alles Gute, viel Kraft weiterhin und bleiben Sie alle gesund.«

Florian Paasche, Neu Hillersleben

»Danke, dass Sie dieses Buch geschrieben haben. Ich hatte anfangs Bedenken, ob ich von meiner Verfassung her schon soweit bin, dass ich es lesen kann. Mittlerweile weiß ich, dass es der richtige Weg war und dass es mir vielleicht auch hilft, das alles ein Stück weit zu verarbeiten.«

Melanie Weinreich, Walporzheim

»Habe Ihr Buch in fast einer Nacht gelesen. Als Betroffene, die jetzt mit drei Hunden auf dem Campingplatz in Remagen haust, fand ich uns in Ihrem Bericht mehr als ein-

mal wieder. Wir wohnten nicht weit weg von Ihrem Haus und gehen jeden Tag durch die Hölle. Alles Liebe Ihnen und Ihrer tapferen Familie. Hoffen wir, dass wir bald ein kleines Haus finden, denn auch wir Alten würden gerne noch mal neu anfangen können.«

Angela Schultze, Pulheim (leider hatte sich der Wunsch bei ihr nicht erfüllt)

»Vielen Dank, dass Sie sich trotz aller Schwierigkeiten die Zeit genommen haben, dieses Buch zu schreiben. Ich habe viel gelacht und auch einige Tränen verloren. Es ist sehr realitätsnah beschrieben, was in dieser Nacht passiert ist. Selbst ich (wir) als Grafschafter Feuerwehr haben dieses Chaos erst am nächsten Morgen realisiert. Das, was wir auf der Grafschaft hatten, war eigentlich nur ein Kindergeburtstag. Wir waren auch bei verschiedenen Leuten helfen. In Heppingen, Bad Neuenahr sowie Altenburg. Altenburg hat mir persönlich das Genick gebrochen. Hier ist auch meine letzte Tante verstorben. Ihr Haus ist schon abgerissen. Ich hoffe, dass mir Ihr Buch auch wieder etwas mehr Kraft und Zuversicht gibt. Vielen Dank nochmal.«

Guido Chrisanth, Grafschaft

»Wir haben Dein Buch schon länger, aber ich lese meinem Mann immer vor und er hatte mir verboten, es alleine zu lesen. Ich sollte es vorlesen können, ohne dass meine Stimme bricht und Tränen kommen. Soweit waren wir letzte Woche. Wir haben viel gelacht, weil die zum Teil skurrilen Situationen vor Wochen auch unser Alltag waren. Dein Humor ist unbezahlbar. Kraftspender. Wir werden wohl auch erst im Frühjahr wieder aus unserem Exil in Alfter nach Odendorf [...] zurück können. Mein Wein-

glas ist mein Rosenkranz, der bei einem Meter das Wasser gestoppt hat und heile blieb. Danke für das Buch. Gott schütze Dich und Deine Familie, Deine Lieben und alle Helfer an Ahr, Erft, Ruhr und überall.«

Jens B., Odendorf

»Hallo Andy, wollte mich nur mal kurz für Dein Buch bedanken. Habe es erst seit heute, bin auf Seite 52, habe aber schon jede Menge Sätze und Passagen gefunden, die mir zutiefst aus der Seele sprechen. Ich denke, dass Dein Buch uns allen bei der Bewältigung unseres Traumas helfen kann – viel Besseres kann man über Literatur wohl nicht sagen … Danke dafür!«

Jürgen Spang, Ahrweiler

»Hallo Andy, ich hatte letzte Woche Zeit, Dein Buch zu lesen. Du sprichst mir aus dem Herzen. Deine Wahrnehmungen, Deine Gefühle insbesondere als Familienvater, alles das finde ich bei mir wieder. Meine Kinder sind schon erwachsen und haben selbst Kinder. Mein Sohn hat mit seiner schwangeren Frau und dem kleinen K. die Flutnacht unter dem Dach der Plätzerstraße verbracht, und wir mussten das in der Gierenzheimerstraße tatenlos aushalten. Das Waser war für uns zweitrangig, es war ja nur der Keller und die Scheune. Ich hoffe, Du hast die Kraft, noch einen Teil zwei oder drei aufzulegen. Es ist noch ein weiter Weg, der vor uns liegt. Mit Deinem Buch hast Du diesen Weg erträglicher gemacht. Für Dich und Deine Familie alles Liebe und Gute und bleibt gesund.«

Andreas Meyer, Bad Neuenahr-Ahrweiler

Ich habe mich bemüht, all diesen Menschen zumindest kurz zu antworten, und bin selbst dabei ab und zu gescheiter. Verdient hatten es alle, denn mich hat das alles so stark berührt damals, und mich gleichzeitig so stolz auf das gemacht, was ich mit einem, wie ich dachte, harmlos dahingeschriebenen Büchlein erreicht hatte, wenn Menschen es eine Hilfe nannten – das Ganze ist immer noch unbeschreiblich für mich.

Denn die Erwartungen, die ich im Vorfeld hatte, waren ja nur folgende gewesen:

- Ich wollte eine Spendensumme zusammenbekommen, die sich lohnen würde (10.000 Euro waren meine »Traummarke« – wer je ein Buch herausgebracht hat, weiß, wie schwer es ist, das als Autor zu erwirtschaften, selbst, wenn der Verlag mit drauflegt).
- Ich wollte Betroffenen aus der Region durch meine eigene Geschichte vielleicht ein klein wenig dabei helfen, das Erlebte zu verarbeiten.
- Ich wollte die Aufmerksamkeit im ganzen Land hochhalten, die medialen Effekte bekämpfen und etwas schaffen, das mich zumindest einige Wochen, vielleicht sogar monatelang in die Lage versetzen würde, für das Ahrtal medial Position zu beziehen.

Am Ende wurde es so viel mehr von all dem, dass ich einfach nur dankbar bin.

Dankbar für die am Ende vollen 40.000 Euro, die der Verlag und ich an Organisationen und Initiativen hier im Tal spenden konnten, und die bald 5.000 Euro, die ich anschließend, nachdem ich verkündet hatte, ab der 6. Auflage nicht mehr mit den Spenden zu werben (dazu später noch mehr), selbst noch guten Zwecken zukommen lassen konnte.

Dankbar dafür, dass offenbar so ziemlich das gesamte Tal mein Buch gelesen hatte, und es im Ergebnis, jedenfalls gemessen am Feedback, in manchem Fall sogar eindeutig hilfreich war.

Dankbar auch für Helferinnen und Helfer aus dem ganzen Land, denen es ebenfalls eine Hilfe, Stütze oder liebes Erinnerungsstück war.

Dankbar für die Aufmerksamkeit, die mein Buch und damit das Tal tatsächlich über Monate in den Medien erhielt.

Und, um mal in die Gegenwart zu springen, dankbar dafür, dass ich dadurch die Chance erhalte, ein weiteres Buch zu schreiben, um die Geschichte der Ahr im vergangenen Jahr noch ein wenig weiter zu erzählen. Was mir umso wichtiger ist, wenn man bedenkt, dass inzwischen auch Bücher angekündigt wurden, denen ich eher skeptisch entgegen blicke.

Abschließend zu dem Thema ein *Facebook*-Eintrag vom 17.10., einem Tag, an dem *Audible* sich bereits die Hörbuchrechte gesichert hatte (nach gerade mal elf Tagen – eingesprochen habe ich das am 11.11. in Köln, was für ein geiler Sch…) und ich meine Welt wirklich nicht mehr ganz verstand:

> *»Was für ein Wochenende!!!*
> *Ehrlich, ich bin überwältigt. Ich kann das gar nicht richtig fassen, bin euphorisiert, begeistert, stolz, emotional mitgenommen, aber auch sehr müde und völlig alle nach den insgesamt drei Lesungen mit oder ohne Musik.*
> *Zu erleben, wie sehr mein Buch, meine Worte Euch*

berühren, das Live-Feeling, das ich seit 20 Jahren kenne, jetzt mit der totalen seelischen Offenheit zu paaren, die sich aus der Lesung von Es war doch nur Regen!? *ergibt, das macht was mit mir!*
Danke an Euch alle für drei Termine mit vollem Haus, für weit mehr als 150 Bücher, die Jessica allein bei diesen Terminen verkauft hat, für das warme und oft sehr emotionale Feedback und die teils sehr überraschenden Besuche von Menschen wie Stephan oder Boris, die ich ursprünglich hier auf FB kennengelernt habe (sag noch einer, SocMed taugt nix!), von meiner Nachbarin Annemarie oder der sensationellen Westerwald-Crew um Carina und Marcel und Oliver.
Danke Euch allen, Ihr tragt mich gerade meilenweit in den Himmel.
ABER: Ich bin sehr froh, dass ich jetzt erst mal keine Termine mehr habe und »nur« arbeiten gehen werde. Denn so unglaublich das alles auch ist, meine Familie kommt dabei zu kurz, und das geht, jedenfalls auf Dauer, gar nicht! Weitere Termine kommen also, aber jetzt ist erst mal Pause, und das ist auch gut so. Vom Lesen und mein Buch Weiterempfehlen will ich Euch aber natürlich nicht abhalten ☺
Gute Nacht alle!«

Unnötig zu erwähnen, dass mein Bekanntheitsgrad sich durch all das ein klein wenig steigerte. Was man zum Beispiel beachten sollte, bevor man unbedachte Äußerungen auf Social Media-Kanälen tätigt. Am 29.10., ich war in Köln, postete ich zum Beispiel (wo, wenn nicht dort?), dass mein *Borussia Mönchengladbach*-Schal leider von der Flut genommen wurde. So schnell kann man nicht gucken, hatte ich 'nen neuen Schal in der Post. Bis heute keine Ahnung, wer ihn geschickt hat. Aber DANKE!

Und an die *Effzeh*-Fans: Nicht böse sein. Ansonsten bin ich ein ganz netter Kerl ☺

Was für ein Herbst also. Während ich das hier schreibe, wird mir klar, dass ich das damalige Gefühlschaos lieber hätte niederschreiben sollen, als es *da war*. Aber die Zeit blieb mir nicht. Ich war schon froh, dass ich irgendwie klarkam und meine Frau mir nicht die Hölle heißgemacht hat angesichts der Terminlast, die ich mir nach der Arbeit und an den Wochenenden aufhalste.

Aber verdammt, das war es wert!

KAPITEL 5 – WINTER

Den Winter starte ich prinzipiell mit dem 01.12.

Mir war der kalendarische Winteranfang immer schon relativ Latte, es ist Winter, wenn ich das erste Türchen öffnen darf, ob nun -18 oder +18 Grad, so!

Und der 01.12. hatte es in sich.

Ich bekam die Info, dass mein Buch zum Nummer-1-Bestseller geworden war, und wenn mich noch irgendwas hätte aus den Socken hauen können nach den Wochen davor, dann das. Irre. Auch heute noch.

Ich feierte also, freute mich, ging am nächsten Tag freudestrahlend zur Arbeit, um nur wenige Stunden später wutentbrannt vor dem örtlichen Krankenhaus zu stehen, in das sie mich – Coronavorschriften, half alles nix – nicht reinlassen wollten, obwohl meine Frau da drin mit halb abgesägtem Finger lag.

So schnell kann's gehen, Freunde, Freud und Leid liegen manchmal ziemlich dicht beieinander. Gottlob stellte sich die Verletzung noch als heilbar heraus, und nachdem wir beschlossen hatten, dass die neu angeschaffte Tischkreissäge erst mal keine Option mehr für sie war, konnten wir zügig schon wieder lachen.

Profitipp aus dem Hause Neumann:

Rundbalken nie, nie, aber auch wirklich *niemals* ohne Schutzkappe sägen!

Am 04.12. wurde es dann richtig schön in der Stadt. Hunderte Landwirte aus dem ganzen Land hatten sich angekündigt, die mit ihren Traktoren und anderem schweren Gerät in einem langen Lichterzug durch das Tal fahren wollten. Wenn Sie 'nen dreijährigen Sohn haben, wissen Sie, dass Weihnachten vorverlegt war. Und die Parade war wirklich ein Traum! Ich habe davon sogar ein Livevideo auf *Facebook* gedreht, obwohl Livevideos im Ahrtal aus gutem Grund mittlerweile verpönt waren. Aber dieses Ereignis war es wert: eine endlose Kette lauter, strahlend heller Fahrzeuge, die für etwas standen, das im Tal rich-

tig gut gelaufen war: die spontane, mittel- und auch langfristige Hilfe von Landwirten, Bagger- und Lkw-Fahrern, Garten- und Landschaftsbauern et cetera, et cetera aus dem ganzen Land, die – auch das muss gesagt sein: anders als prominente politische Vertreter, die ins Tal kamen – einfach nur frenetisch, und das Wort meine ich ernst, bejubelt wurden.

Zu Recht!

Denn nicht etwa nur einer oder zwei von ihnen, sondern sie alle waren große Helden in diesem Tal. Und den allermeisten war es genug, sich an diesem Abend den unendlichen Dank der Menschen abzuholen.

Am 09.12.2021 war es soweit, und das ist ein Thema, das ich noch einmal etwas näher beleuchten muss: Die sechste Auflage meines Buches kam. Was an und für sich nichts Außergewöhnliches war, wir liefen ja von Anfang an der Nachfrage hinterher und konnten nur drucken lassen, was die Kapazitäten hergaben. Aber an dieser Auflage war etwas neu, und das habe ich am 12.12.21 auch öffentlich via *Facebook* erklärt:

> *»Ihr werdet bemerken, dass der Störer ›Der komplette Erlös geht an die Opfer der Flutkatastrophe‹ fehlt. Das hat einen guten Grund, den ich mehrfach angedeutet hatte:*
> *Der* Gmeiner-Verlag *hatte von Anfang an eine Höchstmenge genannt, bis zu der er ›mitgehen‹ wollte. Eine Menge übrigens, die ich für vollkommen utopisch hielt. Nun, sie war mit der 5. Auflage erreicht, und von nun an geht der Erlös des Verlags dann auch an den Verlag. Der Störer wäre*

also eine Lüge gewesen, daher ist er weg. Soll euch nicht irritieren, daher meine Klarstellung.
Am kommenden Freitag werden wir gemeinsam eine sensationell schöne Summe ausschütten, dazu wird berichtet.
Ab dann läuft alles ›normal‹, das heißt, ich bekomme fortlaufend (in der Regel halbjährlich) meinen Autorenanteil, versteuere diesen und schaue, was übrig bleibt. Mal schauen, ob der Erfolg so weitergeht (glaube ja immer noch, das muss mal aufhören …) und ich immer mal wieder Beträge spenden oder schenken kann; vielleicht, und da mögt ihr mir verzeihen, wird davon aber auch mal ein Teil in den privaten Weinkeller investiert, die heimischen Winzer wollen gesponsert sein ☺, und ein bisschen sind wir ja nun auch Opfer. Dazu berichte ich jedenfalls, wenn es spruchreif ist, und freue mich drauf, als Autor weiter dazu beitragen zu können, dass manches, was hier an der Ahr unglaublich ist, weiterlaufen kann! […]«

Es ist wichtig, darüber zu schreiben, denn das Thema »Werben mit Spenden« ist, rein wettbewerbsrechtlich, durchaus heikel. Ich war jedenfalls sehr froh darüber, dass ich von Anfang an mit offenen Karten gespielt und nie etwas versprochen habe, was ich nicht halten konnte oder gar wollte. Und auch die eher vage Ankündigung, bei anhaltendem Erfolg immer mal wieder zu spenden oder Schenkungen zu machen, habe ich ganz bewusst so formuliert. Ich wollte mir später nicht vorwerfen lassen, mich an einem Buch bereichert zu haben, dessen Erlöse in einem ganz konkreten Umfang den Betroffenen versprochen waren, und mich zudem nicht weiterhin festlegen, ohne zu wissen, ob und was überhaupt noch »reinkommt« – Bucherfolge können sehr flüchtig sein.

Menschen, denen man vorwarf, sich an der Ahr bereichert zu haben, hatten wir genug. Es war mir sehr wichtig, mich dort nicht einzureihen. Daher hier noch einmal in aller Deutlichkeit: Alle Leserinnen und Leser von *Es war doch nur Regen!?* haben dazu beigetragen, dass stattliche 40.000 Euro an Spenden zusammenkamen, die der *Gmeiner-Verlag* und ich öffentlich »ausgeschüttet« haben. Und alle weiteren haben dazu beigetragen, dass ich in der Folge weitermachen konnte, wenn auch mit wenigen Ausnahmen nunmehr eher »still«.

Ich denke also, dass ich einen ausgewogenen Weg gefunden habe, um mit den sehr ordentlichen Erlösen aus einem Buch, das ausschließlich durch eine Katastrophe so erfolgreich wurde, die uns alle betraf, umzugehen.

Und ebenso bewusst habe ich den Entschluss gefasst, dieses Buch hier eben *nicht* mit einem Spendenversprechen zu versehen. Das muss nicht heißen, dass ich mit meinem Geld nicht weiterhin Gutes an der Ahr tue, wo es sich anbietet und ich es kann. Aber es macht deutlich, dass dieses Buch hier nicht gekauft werden soll, weil jemand mit dem Erlös das Ahrtal unterstützen möchte. Denn wenn ich schon ein Buch schreibe, das in weiten Teilen aus meiner sehr klaren Meinung zu bestimmten Problemen und Prozessen besteht, also weiß Gott nicht allen gefallen muss, dann versuche ich sicher nicht, es dadurch aufzuwerten, dass ich mit einem Spenden-Störer auf dem Cover Käufer anwerbe. Es wird sich verkaufen oder nicht. Aber so oder so aufgrund seines Inhalts!

Mit dem 18.12. und der Übergabe der genannten 40.000 Euro unter anderem an die Jugendherberge Ahrweiler, den *GlasklAhr e.V.* und die *Ahrche e.V.* läuteten wir die Weihnachtszeit ein. Die ersten Geschenke waren schon eingetroffen. Unter anderem der Karton, den Tim uns schickte, an den Sie sich als Spender des legendären *Atlas Copco*-Aggregats erinnern werden (das inzwischen wieder bei ihm steht und wie ein Uhrwerk läuft).

Wie sich herausstellte, ist er nicht nur eine ziemlich coole Socke, sondern auch Betreiber einer Internetseite, auf der Sie sich Cocktails nach Hause bestellen können. Eis dazu, fertig. Eine so simple und zugleich geniale Idee verdient alle Würdigung, daher wollte ich das hier nicht unerwähnt lassen. Danke noch mal, Tim. Wir hatten mächtig Spaß an Weihnachten!

Im Weihnachtsurlaub hatten wir dann, zwar nur für wenige Tage, aber doch ein kleines bisschen echten Urlaub. Familienzeit, Skilaufen, gute Bücher lesen (Carsten, auch hier noch mal danke für den *Buchspazierer*! Eine Geschichte zum Reinlegen und sich wohlfühlen) und abschalten, so gut es eben ging. Denn irgendwas war trotzdem immer zu regeln, klar. Unterm Strich tat die kurze Auszeit aber richtig gut, und wir kamen gestärkt zurück ins Tal.

Aber eben nicht nach Hause. Und das war dann so langsam ein echtes Problem. Auch hier ist es wichtig, das zu sagen: Uns ging es ja gut! Wir hatten eine Unterkunft, ein ganzes Haus sogar, in der Stadt. Mehr ging nicht, und wir waren unglaublich dankbar für diese Möglichkeit, die wir ohne die stattliche Menge Geld, die eine Versicherung einem zu diesem Zweck anbietet, nicht gehabt hätten.

Aber es half alles nichts, es war nicht Zuhause. Und auch wenn wir Erwachsenen das ganz gut hinbekamen, die Kinder ließen uns täglich mehr spüren, dass sie zurückwollten. Mit jedem Besuch am oder im Haus wurde es schwieriger, die Kinder anschließend zu »bändigen«. Wir entschieden daher, so schnell es irgend gehen würde, ins Haus zurück zu ziehen, am besten noch im Februar. Was notfalls bedeuten würde, dass wir noch ein paar Wochen »Baustelle« mitnehmen würden.

Die Stimmung nach Weihnachten wurde, wie viele bereits befürchtet hatten, dann auch immer schwieriger. Der Januar war, was das Wetter anging, so richtig, richtig schäbig, nasskaltes Elend, das nicht enden wollte. Das Warten ging weiter, und es schien kein Ende zu nehmen, trotz der Dinge, auf die man sich immer wieder auch freuen konnte, und der vielen kleinen Fortschritte.

Mein größter Lichtblick im Januar, der mir auch ewig in Erinnerung bleiben wird, ist die *Instagram*-Live-Veranstaltung, die Dietlinde Stroh am 14.01. in Schleiden-Gmünd geplant hatte, und bei der ich Annette Frier kennenlernen sollte. Was für eine tolle Frau, die muss man einfach gernhaben. Den Abend werde ich nie vergessen, auch, weil wir ein sensationelles Feeling auf die Bühne gebracht haben damals. Zu schade, dass es noch keine Livezuschauer geben durfte.

Am 23.01. dann die Wahlsensation des Jahres, jedenfalls soweit es das Ahrtal betraf: Cornelia Weigand kam, sah und siegte im ersten Durchgang. Ein Erdrutschsieg, zumal gegen einen Mitbewerber, der in einem der schwärzesten Kreise dieses Landes für die CDU antrat, den jeder kennt und jeder mag. Mein Statement damals war klar: Hätte er auch nur ein einziges Mal, ähnlich wie die CDU-Bundestagsabgeordnete unseres Kreises, die Stimme gegen den Mann erhoben, der sein Vorgänger war, wäre die Wahl in dieser Klarheit nicht ausgegangen und mindestens mal eine Stichwahl erfolgt. Aber Hättehättefahrradkette hilft ja auch keinem, er hat es nicht getan, und die Wut der Leute war so groß, dass er davon einfach überrollt wurde. So oder so: Wir hatten eine neue Landrätin, und das ganze Tal und sehr viele Menschen außerhalb warteten gespannt, was folgen würde. Eines jedenfalls war klar: Sie würde ein verdammt dickes Fell brauchen!

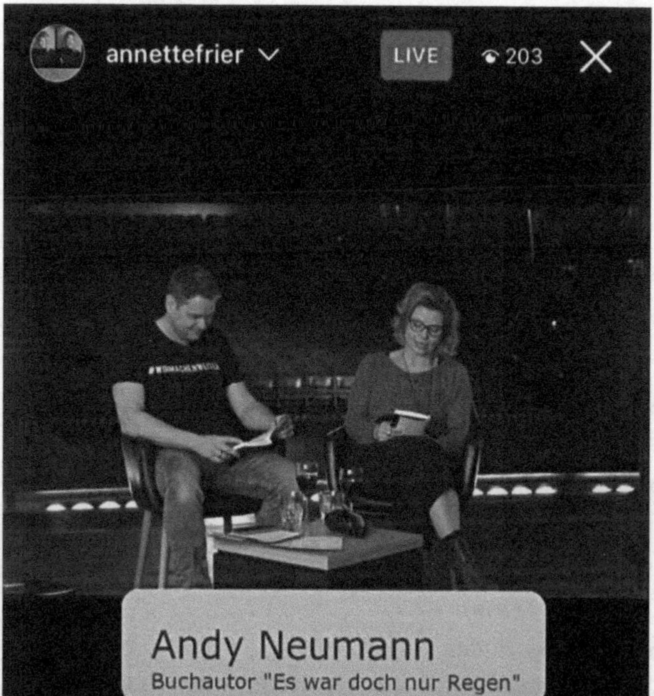

Es war am 01.02., als ich nach Hause kam, irgendwie sehr schwermütig war und zum ersten Mal wieder dieses Gefühl hatte, das mir damals so viele Wochen lang das Schreiben leicht gemacht hat. Etwas musste raus. Gedanken, die ich für wichtig hielt. Nicht nur ich war schwermütig, irgendwas lag wie Mehltau über dem Tal, ich hatte es in so vielen Gesprächen erlebt. Ich ließ mir ein Bad ein, nahm das iPad mit und schrieb:

»200 Tage!
Ich weiß gar nicht, ob es jemandem aufgefallen ist, aber wenn ich mich nicht verzählt habe, sind wir bei Tag 200 nF (nach der Flut) angelangt. Spielt eigentlich auch keine Rolle, feiern wird den Tag sowieso niemand.
Ich habe seit Monaten wenig bis gar nichts von dem gepostet, was bei uns vor sich geht. Wenn, dann waren es meist gute Nachrichten vom Aufbau, vom Bucherfolg oder vom wunderbaren Treiben meiner Frau, die mit aller Kraft, die ihr bleibt, versucht, dem Tal nicht nur Farbe, sondern Natur zurückzubringen. Weiß Gott ein Kampf gegen Windmühlen!
Wie geht es uns wirklich?
Die Antwort auf diese Frage ist sehr viel komplexer, als es oft scheint.
Denn es gibt da zwei Stimmungen, die im Widerstreit sind.
Die objektive Stimmung.
Und die subjektive.
Objektiv, man darf es nicht anders sagen, gehören wir zu den glücklichsten, privilegiertesten und am meisten begünstigten Menschen im Tal.

Nachdem die GSR im Herbst sehr bemüht war, die Schmach der lokalen Beraterin und das entspannte ›Kommste heut nich, kommste morgen‹ des, ich nenne ihn mal ›Kleinschadensregulator‹, vor ihr auszuwetzen, ist versicherungstechnisch alles im Lot bei uns. Wir bauen wieder auf, wir bekommen auch das Geld dafür, und der zerstörte Hausrat lässt sich mit all der Unterstützung, die es gab (ja, auch mit der zwar selten unsinnig berechneten, aber jedenfalls geflossenen Hilfe des Landes RLP), weitestgehend kompensieren. Jedenfalls materiell. Wir kommen mit dem Aufbau sehr gut voran, kleine Rückschläge ausgenommen, und hoffen, zum 15.02. einzuziehen. Dann zwar noch auf eine Restbaustelle, aber mit Küche, und ins eigene (!) Haus zurück! Wir konnten ein paar alte Bausünden heilen, wie die Haustür, die damals falschrum geliefert wurde und, mangels drei weiterer Monate Geduld, derart eingebaut ständig die Garderobe versperrte; hat überhaupt nicht genervt mit zwei Kleinkindern …

Unsere Kinder, für mich immer noch der segensreichste Aspekt, sind fröhlich, lebhaft, gesund (zieht man die zusammen gefühlt etwa 634 Tage Erkältung ab, die wir vier seit Juli durchhaben) oder, wie ich gern sage, ›stabil‹.

Als Paar sind wir noch viel enger zusammengewachsen als vor der Flut. Logisch, eine solche Nacht und alles danach, das ist für Liebe der Booster schlechthin. Nach allem, was man so mitbekommt, stehen wir da nicht allein, wie schön ist das?

Und als wäre das alles nicht genug, ging Es war

doch nur Regen!? *so steil durch die Decke, dass ich ein paar weitere Menschen glücklich machen konnte und weiterhin mache (dazu bei Gelegenheit mehr, teils spende ich aber auch im Stillen, ich poste nicht jede Summe, die ich guten Zwecken zukommen lasse, hat George Michael auch nicht getan, und der war großartig!).*
Objektiv also: totaler Obermacker, Glückskind, Commander Sorgenfrei.

Subjektiv aber bin ich, sind wir, einfach nur alle. Und zwar restlos.
Gestresst, unruhig, ungeduldig, übellaunig, permanent schmerzt irgendwas, man ist dünnhäutig wie die Hölle, oft reichen Kleinigkeiten, und man explodiert fast.
Unlogisch, oder?
Finde ich auch. Und so ganz erklären konnte ich mir das bisher auch nicht. Aber ich höre zu, ab und an, wenn die Zeit dafür gerade da ist. Und merke dabei, dass es nicht nur uns so geht.
Ich kann nicht pauschalisieren, aber wenn ich die Faktoren nehme, die die meisten von uns gemeinsam haben, gäbe es ein Muster:
Weg vom eigenen, geliebten Zuhause, seit 200 Tagen.
Winter – und zwar keiner, der nur den Hauch Schönheit verströmen würde, sondern wie ›November Rain‹ in Endlosschleife, gesungen vom Katzenchor Hirz-Maulsbach.
Tristesse überall, immer noch. Braun als dominante Farbe, dicht gefolgt von Grau, Plakatkampagne hin oder her.

Fortschritte, kleine wie große, die einem bei allem Sein doch nur näherbringen, wie sehr man sich nach Daheim sehnt, und wie viel schneller es eigentlich gehen müsste, damit man es aushält.
Dunkelheit, die auch tagsüber scheinbar nie ganz weggehen will.
Und im Ergebnis dieser Nebel, den ich von sehr viel früher kenne und der sich in einem breitmacht. Durch den man weniger sieht, weniger hört, weniger fühlt. In dem man scheinbar nur in Zeitlupe vorankommt. Und der einfach nicht verschwinden will, weil der Wind fehlt und das bisschen Pusten nicht reicht.
Das ist die subjektive Stimmung.
Und sie dominiert!

Aber wir sind nicht machtlos, das ist die gute Nachricht.
Man kann kämpfen, auch gegen den Nebel, sich vorwärtsbewegen, Stück für Stück, nicht nur sprichwörtlich der Sonne, dem Frühling entgegen.
Man kann Hilfe annehmen. Es gibt sie noch, so viel davon, und jede ist wertvoll!
Ich las letztes Wochenende in der Ahrche. *Wie es meine Art ist, las ich nicht nur vor, ich redete auch. Nie nach Skript und auch nie dasselbe, ich hasse Vorhersehbarkeit. An dem Abend las ich als Zugabe eine kurze Passage, in der es um unsere Helfer aus dem Westerwald ging. Und sprach anschließend davon, wie wichtig es bis heute für mich, für meine ganze Familie ist, Hilfe anzunehmen. Kleine Gesten manchmal, wie Alex, der beim Schippen von*

Rindenmulch half, aber mir damit Zeit verschaffte. Chrissie, die uns seit ein paar Wochen so regelmäßig und so positiv ›heimsucht‹, dass sie jetzt schon einen festen Platz in unseren Herzen hat und alles tut, was irgendwie getan werden kann, damit wir vorankommen. Jörg und Phil, die mir beim Gartenhaus helfen, aber auch durchs bloße Dasein. Olli, der im Hang-Ahr immer lecker Essen hat, aber auch gute Ideen und nette Menschen, mit denen man gern 'ne Runde quatscht (oder die einem sensationell leckere Fleischwurst mitbringen). Und so viele mehr. Sie alle helfen. Also lassen wir uns helfen.

Lasst auch euch helfen!

Wir alle haben Hilfe nötig, mal mehr, mal weniger, und sie ist wichtig.

Gerade jetzt.

Und noch etwas können wir tun gegen den Nebel: Man kann die Dinge herausstellen, sie herbeisehnen und intensiv ausleben, die einem Freude machen, kann sich so viele davon nehmen, wie es emotional, zeitlich oder auch finanziell möglich ist.

›Mal raus‹, und sei es nur für ein Wochenende (mein eigenes Wochenende in Frankfurt mit den drei ältesten Freunden, die ich habe, war legendär und tat so gut, das hat locker zwei Wochen aus den letzten Monaten aufgefangen. Fun Fact: Man ist nie zu alt, um eine halbe Nacht einfach nur Skat zu spielen!).

Essen gehen, wie es inzwischen in ein paar weiteren Restaurants wieder möglich ist (das ist das Tolle daran, dass es uns objektiv gut geht: Wir können die örtliche Gastro so intensiv unterstützen, wie

es nur möglich ist, denn ohne die Restaurants und Hotels wird das hier ein trauriges Wiederauferstehen, so viel ist klar).
Das Kulturprogramm genießen, das, jedenfalls im Stadtgebiet, den gesamten Winter über angeboten wird und bei dem für alle was dabei ist.
Freunde treffen, Menschen einladen, Erfahrungen, Gefühle, Sorgen oder auch die kleinen Freuden teilen, die es zu teilen gibt.
Auch diese Dinge helfen meiner Familie und mir. Bei mir ganz persönlich kommt noch etwas on top, das selbst den zähesten Nebel immer wieder aufs Neue beiseite weht. Ich bekomme, ungelogen, noch heute täglich Nachrichten von Menschen von überallher. Und all diese Menschen schreiben mir, dass mein Buch ihnen gefällt. Dass es sie berührt. Auch, dass es ihnen hilft. Mal mehr, mal weniger intensiv. Mal beinahe ehrfürchtig (als wenn das nötig wäre!), mal locker-flockig. Manchmal so heftig und bildhaft, dass mir die Tränen kommen. Aber immer, wirklich immer ist es schön zu lesen. Da werde ich nicht müde, das kann gern so weitergehen. Denn es hilft mir!
Ich weiß leider nicht, wie es euch allen geht. Ich komme noch immer viel zu selten über meine kleine Welt hinaus, kenne und sehe so wenig von der gesamten Ahr wie vermutlich der ›geringste‹ unter den Helfern (blödes Wort, mir fiel nur kein schlaueres ein), und ich bilde mir nicht ein, die Stimmung im Tal viel besser einschätzen zu können als andere. Aber wenn es einigen von euch auch so geht wie mir, dann erreiche ich euch hoffentlich mit dem, was ich schreibe. Denn dass der Nebel,

dass diese Stimmung, dieser grässlichste aller Winter nicht gewinnen darf, das steht mal fest. Halten wir durch, suchen wir uns Freude, Hilfe und Hoffnung in allem, was zur Verfügung steht, und wenn es Frühling wird, dann strahlen wir.
Ich verspreche euch, ich werde ganz vorne mit strahlen.
Subjektiv UND objektiv ☺
Bis bald, Ahrtal, bis bald, alle.«

Dieser kurze Text traf einen Nerv. Aber so was von! Stand heute mit meinem ersten Eintrag in der Nacht vom 14. auf den 15.07. der meistbeachtete Text, den ich auf *Facebook* seit 2015 je abgesetzt habe (das Diekmann-Bashing damals bleibt unangefochten die Nummer 1).

Offenbar sprach ich doch für viele, was die Stimmungslage anging, und das ließ man mich wissen. Es tat gut, sich damit nicht allein zu fühlen. Aber es war zugleich erschreckend zu wissen, dass hier auch 200 Tage nach der Katastrophe vielleicht noch niemand wirklich über den Berg war. Wie viel Kraft würde es wohl noch kosten, bis man das eines Tages behaupten könnte?

Am 08.02. dann aber das Größte: Die Fliesenleger legten los! Mit jeder einzelnen Fliese stieg unsere Laune und stieg, die Vorfreude war grenzenlos.

Vier Tage später, Restbaustellen hin oder her, zogen wir mit Sack und Pack zurück. Die Küche kam zwei Tage drauf, wir ackerten wie die Blöden, packten aus, räumten um, bauten auf und arbeiteten uns Stück für Stück auf ein komplett neues, fertiges Erdgeschoss zu.

Nur, um an dem Abend, als die Küche montiert war, tod-traurig darin zu sitzen und uns zu fühlen wie in einem Musterhaus. Alles schön, alles neu – aber alles nicht das Zuhause, das man kannte. Auch hier: Luxusproblem, ich weiß das! Aber es ändert ja nichts am emotionalen Zustand, und für uns war es an diesem Abend schlimm festzustellen, dass man zwar gedacht hatte, man kehre wieder nach

Hause zurück, die Hälfte davon *war* aber einfach noch nicht das eigene Zuhause.

Um es aber abzukürzen: Die Unermüdlichkeit meiner Frau, die sich Ecke für Ecke zurückeroberte und aus einem Musterhaus wieder unser Zuhause machte, zeigte etwa ab Mitte März deutliche Erfolge, und am Ende kam ich dann auch zum ersten Mal nach Hause und dachte: Ja, jetzt bist du daheim!

Es braucht also, wie alles im Leben, was gut werden soll, Zeit.

Wie beschissen (sorry!) dieser Winter endete, wissen wir alle. Ab dem 24.02.2022 herrschte Krieg an Europas Grenzen. Mich ganz persönlich hat das erschüttert. Nach Naturkatastrophen nun eine weitere Bedrohung, die man Lichtjahre von sich fortgeschoben hatte, viel zu nah, um sie ignorieren zu können. »Make Ahr Not War«, ein Slogan, der mir damals spontan einfiel, hat sich leider bis heute nicht durchgesetzt. Wie viel mehr, wie viel Gutes hätte man tun können, wenn man 100 Milliarden Euro nicht in militärische Ertüchtigung hätte investieren müssen? Es gibt Momente, da möchte man an der Welt einfach verzweifeln. Wenn es irgendwie hilfreich wäre.

Zu allem Überfluss stand der Ahr ihr eigener kleiner »Krieg« bevor. Begonnen hatte dieser Anfang Februar, mit einem Artikel, der für die größte Kontroverse im gesamten Flutkontext sorgte und, aus meiner Sicht, damit eine der größten Schwächen der staatlichen Strukturen nach der Flut überdeutlich auf den Punkt brachte.

KAPITEL 6 – »DIE GEISTER, DIE ICH RIEF …«

»Fluthelden auf Besatzerkurs«, der Titel des *T-Online*-Beitrags von Redakteur Lars Wienand vom 06.02.2022 hatte es in sich. Es ist aber unnötig und wäre auch überhaupt nicht hilfreich, die Inhalte hier wiederzugeben. Ich möchte mich lieber auf die wesentlichen Punkte konzentrieren, die anhand der zugrunde liegenden »Story« zutage getreten sind und aus denen wir lernen können.

Also der Reihe nach.

Im Katastrophenschutz gibt es den Begriff der sogenannten »Spontanhelfer«. Ein Begriff, der spätestens seit 2013 in einschlägigen Kreisen als »Problem« definiert wird, das einer Lösung bedarf. Aus einem einfachen und nachvollziehbaren Grund: Nicht, weil es nach Katastrophen Hunderte, Tausende, im Fall des Ahrtals sogar Zehntausende Helferinnen und Helfer gibt – *das* ist kein Problem!

Sondern weil man diese, ihre vollkommen unterschiedlichen Qualifikationen, Ausstattungen, Motivationen, ihre schiere Menge und alles, was damit zusammenhängt, von Beginn an eigentlich unter staatlicher Hoheit steuern und einsetzen (lassen) müsste. Was – insbesondere an der Ahr war das sehr gut sichtbar – bis heute offenbar krachend scheitert! Wie einleuchtend es wäre, in einem Einsatz, in dem man staatliche Kräfte zunächst einmal sammelt und dann nach ihren Fähigkeiten einsetzt (jedenfalls, wenn man es richtig macht), exakt dasselbe mit Spontanhelfern und weiteren, später eintreffenden Helferinnen und Helfern zu tun, muss man wohl niemandem erklären. Doch es hilft nichts, es gab und gibt offensichtlich keine Möglichkeit dazu.

Dass diese Lücke, die durch mangelhafte Strukturen im Katastrophenschutz entsteht, anderweitig kompensiert werden muss, ist relativ klar. Wird das nicht getan, ist es, wie an der Ahr, ab Tag 1 so, dass alles und jeder ungebremst und willkürlich ins Tal kommt – von der Einzelperson ohne gescheites Schuhwerk, Schaufel oder Handschuhe über seltsame Gestalten aus der Querdenker- bis Reichsbürgerszene bis hin zu unglaublich wertvollen Kräften wie Bauern, Lkw- oder Baggerfahrern mitsamt ihren »Einsatzmitteln«. Jedem Menschen muss hoffentlich einleuchten, dass das bei allem guten Willen nicht der optimale Weg ist.

An der Ahr haben sich relativ frühzeitig zwei Männer aus dem Tal zusammengetan, um die Helferströme außerhalb des Tals zu bündeln und gruppenweise mit Bussen ins Tal zu bringen. Anfangs auf »kleiner Flamme«, später in gewaltiger Taktung, mit klaren Auftragslagen und weitgehend fehlerfreier Koordination. »Helfershuttle« nannte sich das. Betrachtet man Problem und Lösung, stellt man fest: ein absolutes Erfolgsmodell. Weitere Einrichtungen haben sich gebildet, teils früher, teils später, dezentral, manchmal mehrere in einem Ort oder Stadtteil. Strukturen, die kompensierten, was anderweitig nicht geleistet wurde. Und, völlig unabhängig davon, was der eine oder die andere Betreiber/in solcher Strukturen sich später geleistet hat, allein für diese Initiative musste und muss man zunächst einmal dankbar sein. Denn es gab einen Bedarf, der seitens der staatlichen Strukturen ebenso wenig gedeckt werden konnte wie durch professionelle karitative Einrichtungen. Und wer immer da in die Bresche sprang, hat im Sinne der Betroffenen das Richtige getan.

Kompliziert wurde es erst mit zunehmender Dauer der Einrichtung dieser Strukturen, bei gleichzeitigem Bestreben sowohl staatlicherseits, also im Schwerpunkt der zuständigen kommunalen Verwaltung, als auch der Bürgerinnen und Bürger des Tals, sich stetig weiter in Richtung »Normalität« zu bewegen. Ein vollkommen richtiges Bestreben, zu dessen zeitlichen Abläufen man kritisch stehen konnte, das aber generell nicht infrage zu stellen war. Der Vereinsvorsitzende der *AHRche e.V.*, eines Vereins, der sehr frühzeitig eine Zufluchtsstätte mit Bedarfsdeckung von Essen über Baustoffe bis hin zum Friseurbesuch und Kulturprogramm auf einem Campingplatz in Ahrweiler einrichtete, brachte es aus meiner Sicht im Interview mit dem *Blick aktuell* am 18.02.22 perfekt auf den Punkt: »Unser Ziel ist, dass wir nicht mehr gebraucht werden. Solange wird es die *AHRche* geben.«

Und genau an diesem Punkt schieden sich an der Ahr die Geister. Oder vielleicht sollte ich es präzisieren: Die Geister schieden sich insbesondere im Internet und ganz überwiegend bei Menschen, die nicht an der Ahr lebten. In der Region war und blieb die Stimmung eigentlich recht friedlich.

Das grundsätzliche Problem lag darin, dass es Helfer gab, die nicht nur gekommen waren, um zu helfen. Sondern – jedenfalls kann die tägliche Außendarstellung mithilfe einer teils zweistelligen Anzahl an Beiträgen via *Face-*

book nicht anders verstanden werden – sie kamen auch, um sich selbst und das, was sie taten, darzustellen. Was in sich aus meiner Sicht ebenfalls noch gar nicht kritisch hätte sein müssen. »Tue Gutes und rede darüber«, ein unterschätztes Motto, finde ich. Kann man also machen.

Kritisch wurde es nur und erst in den Fällen, in denen die Darstellungen auf *Facebook* sich so gar nicht mit dem deckten, was man objektiv und sachlich-nüchtern in der Realität feststellen konnte. Interessanterweise ging es dabei sehr häufig um Vorwürfe, die sich – nicht eben überraschend – ebenfalls sehr häufig gegen den Staat richteten. Mein liebstes Beispiel, das mich im Mai 22 kurz auch in die Inanspruchnahme juristischen Beistands »zwang« (nicht, weil es nötig war – sondern, weil ich anschließend im Sinne weiterer derart Betroffener etwas verdeutlichen wollte), war die sehr früh kolportierte und auch Monate später noch in fast liebevoller Manier gepflegte Aussage, Politik, Behörden und Medien hätten in den ersten drei Tagen nach der Flut untätig zugeschaut. Das ist ein Narrativ, eine Geschichte, die erzählt wird, und man könnte sie eigentlich müde wegwinken, weil es ja erwiesenermaßen totaler Quatsch ist. Mal abgesehen von dem gewaltigen Schlag ins Gesicht aller Kräfte von Feuerwehr, Polizei, Rettungsdiensten, THW et cetera, die sich in diesem Zeitraum alles abverlangt haben, was möglich war, oder der Medienvertreter, die sich sofort ins Katastrophengebiet begaben, um dort kritisch beäugt und auch angefeindet zu werden, im Ergebnis aber zu berichten, was enorm wichtig war!

Doch was machen Sie, wenn Hunderttausende Menschen tagtäglich mit dieser und anderen Behauptungen beschallt

Besuchen Sie das Ahrtal,

weil schon so vieles geht!

werden, die an der Realität einigermaßen vorbeigehen? Ein sehr schwieriges Thema, denn es sind Meinungsäußerungen, und die sind in diesem Land erst mal (zum Glück!) zulässig. Für besonders verantwortungsvoll halte ich ein solches Vorgehen dennoch nicht, und wenn derartige Beschallung irgendwann Früchte trägt und irgendwann die ersten Gewaltaufrufe durch einschlägige Profile geistern, bestärkt mich das enorm in meiner Auffassung.

Menschen adressierten mich, zunehmend häufiger; weil sie Befremden empfanden, weil sie wissen wollten, was ich von bestimmten Umtrieben hielte, und, das war für mich der Punkt, an dem ich mich nicht mehr raushalten konnte: vereinzelt auch, weil sie Angst hatten. Die »Fanbasis« mancher Menschen war groß. Und nicht immer zimperlich in der Wahl ihrer Mittel. Bedrohungen waberten durch das Internet, mal mehr, mal weniger verhohlen, fokussiert zunächst auf eine bestimmte Person, zu der man durchaus kritisch stehen konnte, wenn sich die Kritik denn in vernünftigem Rahmen gehalten hätte.

Stalking-Vorwürfe kamen auf, beschäftigten irgendwann auch die zuständigen Sicherheitsbehörden. Und als Ahrtaler fragte man sich mehr und mehr: Hört das irgendwann auch mal auf? Kann man das nicht woanders austragen als bei uns im Tal, wo die Leute alles, aber keine Internetmobs brauchen, die sich auf kritische Geister einschießen (in einem weiteren Fall etwa auf einen grünen Lokalpolitiker)?

Und: Wenn ihr nichts anderes mehr zu tun habt, als tagaus, tagein gegen Kritiker ins Feld zu ziehen, wieso verlasst ihr dann nicht das Tal, in dem es Sinnvolleres zu tun gäbe?

Verstärkt wurde die Problematik durch den Heldenstatus, den sehr wenige Helfer nach der Flut früh zugeschrieben bekamen und nur zu gern für sich in Anspruch nahmen. An der Stelle ist es mir wichtig zu betonen, dass es *zigtausende* Helden in diesem Tal gab, und über 99 Prozent davon haben diesen Status für sich abgelehnt, wie zum Beispiel unsere ganz persönlichen Helden aus dem Westerwald. Doch wenn sich Helden finden, und wenn diese schließlich eine unglaublich breite Masse an virtuellen Verehrerinnen und Verehrern hinter sich versammeln, dann sei es so. Auch das wäre an sich nicht schlimm gewesen.

Wäre man mit diesem Status auch heldenhaft umgegangen.

Und nicht so, wie ich es oben beschrieben habe.

Und als letzter Verstärker der Problematik kam hinzu, dass sich nach und nach viele Charaktere aus der »*Facebook*-Helden«-Fraktion zusammenschlossen (oder vielmehr: sich anschlossen), sodass eine sich selbst immer wieder reproduzierende und gegenseitig bestärkende »Blase« entstand, bei der irgendwann nur noch galt: Wer nicht (bedingungslos) für uns ist, ist gegen uns. Und wenn man gegen auch nur eine einzelne Person aus dieser »Blase« kritisch stand, konnte man sich warm anziehen. Denn man kritisierte dann nicht etwa einzelne Menschen und ihre fragwürdige Art, mit Internetprominenz umzugehen: Nein, man kritisierte »die Helfer«! Auch an diesem Framing kam man nur schwer vorbei – jedenfalls bei einer Gefolgschaft, die ihre Informationen ausschließlich aus *Facebook*-Livevideos bezieht. Und davon gibt es, mit Verlaub, offenbar viel zu viele in diesem Land.

Glauben Sie mir, ich habe das Ergebnis erlebt. Und auch wenn Internet-Hass an mir abprallt und mich entspannt zurücklässt, denn die Traute zu einer offenen Konfrontation fehlt den »Du bist der Dreck des Ahrtals«-Schreihälsen, die mein Buch am liebsten »verbrennen« würden, doch immer: Das galt nicht für alle Menschen im Tal. Nur wenige hatten den Mut, dennoch weiter kritisch zu bleiben, allen Anfeindungen zum Trotz. Diesen Menschen kann man gar nicht genug danken. Auch allen, die zum Beispiel mich immer wieder darin bestärkten, mich nicht unterkriegen zu lassen und weiter die Interessen des Tals gegen teils völlig widersinnig agierende *Facebook*-Charaktere zu vertreten, bin ich dankbar. Darunter durchaus Personen, die ein enorm hohes Gewicht hatten, hier im Tal, aber auch in der virtuellen Welt.

Noch dankbarer wäre ich gewesen, wenn einfach alle, von denen ich wusste, sie sehen es wie ich, aufgestanden und offen dafür eingestanden wären. Das hätte noch mehr bewirkt.

Das Ende vom Lied ist bisher nicht gesungen, aber dass wirklich viele, wenn auch nicht alle Menschen im Tal den 31.05.22 gefeiert haben, da im Kreistag die Schließung einer Einrichtung beschlossen wurde, die objektiv eigentlich sehr viel Gutes geleistet hatte, ist ein Punkt, der die Betreiber zum Nachdenken hätte anregen können, was man denn dann falsch gemacht hatte, finde ich. Ob es so war, darf angezweifelt werden.

Die Punkte, die ich seinerzeit nach Erscheinen des eingangs erwähnten Artikels via *Facebook* verbreitete, haben für mich jedenfalls auch heute noch Bestand. Und ich halte einige davon, insbesondere für künftige Katastrophenlagen, auch für bedenkenswert:

1. Niemand hat im Alleingang das Ahrtal gerettet. Helden gab und gibt es hier Tausende, und die allermeisten davon bestehen nicht darauf, als solche behandelt zu werden.
2. Bei allem, was miserabel gelaufen und auch hart zu kritisieren ist: Exekutive, Legislative und Judikative sind die Gewalten in unserem Land, keine *Facebook*-Reichweite. Man kann sogar sein Vertrauen in politische Entscheidungsträger verlieren und dennoch nicht so tun, als sei es besser, wenn man selbst den ganzen Laden schmeißt.
3. Eines Tages ist hier alles weitgehend in trockenen Tüchern. Dann leben wir wieder so zusammen wie vorher, enger hoffentlich, um leid- und auch wundervolle Erfahrungen reicher; aber wir im Tal, ob alt eingesessen oder hinzugezogen. Andere werden weg sein. Das sollten wir nie vergessen. Wir müssen uns in die Augen schauen können, das schließt unsere Verwaltung und Politik mit ein.
4. Blind und ohne zu hinterfragen Menschen darin zu folgen, dass sie ihre eigenen Wahrheiten verbreiten und dabei auch gern mal unverhohlen dazu aufrufen, massiven Druck gegen andere Menschen oder auch kommunale Verwaltungen auszuüben (und deutlich mehr), ist kein allzu schlaues Verhalten. Nicht für denkende Menschen jedenfalls.
5. Spätestens wenn Personen aus 4. resultierend persönlich massiv angegriffen werden, ist der Spaß vorbei.

Da gibt's absolut keine Diskussion! Jedenfalls nicht mit mir.

6. *Facebook* ist *nie* die Welt, hat *nie* die Wahrheit gepachtet, und sollte daher auch *nie* so gelebt werden. Wieder: jedenfalls nicht von denkenden Menschen.
7. Spätestens, wo sehr viel Geld im Spiel ist, ist es immer wichtig, sich Fragen zu stellen und nicht einfachen Antworten zu folgen.
8. Wenn Dankbarkeit zum Geschäftsmodell wird, sollten alle Lampen angehen.

Jede Medaille hat zwei Seiten, auch diese.

Ich erwähnte es eingangs, und ich möchte das Kapitel damit beenden: Ohne Helfer, Helferstrukturen und generell Hilfe jeglicher Art, also auch Geld- und Sachspenden, wird keine Katastrophenlage von diesem Ausmaß zu bewältigen sein!

Der Staat *muss* es sich daher zur Aufgabe machen, sich konzeptionell und operativ darauf vorzubereiten, ganz gleich, von wem und in welcher Form die Umsetzung im Ergebnis konkret erfolgen soll. In Katastrophen von solchem Ausmaß derart große konzeptionelle Lücken zu lassen, wird spätestens nach den Erfahrungen an der Ahr unverzeihlich.

KAPITEL 7 – FRÜHLING

Wissen Sie, was mit der Zeit das Schwierigste war? Das richtige Maß zu finden!

Denn spätestens in diesem Frühjahr wurde jedes einzelne Wort, das man veröffentlichte, zu einem potenziellen Bumerang. Nicht, dass es davor nicht auch schon schwer war. Gerade das Internet ist ja ein Ort, an dem Sie *immer* jemanden finden, der, meist bei völliger Ahnungslosigkeit, Worte verdreht, falsch versteht oder einfach nur Bock dazu hat, Ihnen irgendwas zu zerschießen, was eigentlich gut gemeint war. Und das habe nicht nur ich, sondern viele andere auch erlebt. Nicht nur im Netz, sondern auch im echten Leben. Man musste schon aufpassen, wo man was wie sagte.

Die Tatsache zum Beispiel, dass man wieder im eigenen Haus lebte und drin so weit fertig war, dass man sich »nur noch« um seinen Garten kümmern musste (und um die gewaltige Fläche Speicher, die randvoll mit allem stand, was man monatelang irgendwie aus dem Weg haben musste. Und um den ganzen Müll, der wöchentlich entsorgt werden musste, weil man nach und nach einen halben Hausstand neu bestellen musste. Und um den ganzen Kleinkram, der einem immer noch zu viel war. Und und und …). Das war für manche schon ein Grund, einem den Betroffenenstatus abzusprechen. Klar, wer so schnell wieder vorankam, konnte doch nie und nimmer die Flut erlebt haben? Wie simpel die Menschen manchmal denken, oder?

Ähnliches habe ich mit Restaurantbesuchen erlebt, die ich auf *Facebook* gepostet habe. Sinn und Zweck: Nicht nur den Menschen im Tal, sondern allen, die bei mir mitlesen, klarzumachen, dass wieder was geht im Ahrtal. Dass man bei uns super frühstücken, ganz lecker zu Abend essen und davor, danach oder wann auch immer himmlische Weine probieren kann. Denn nichts ist wichtiger, als dass die Gewerbe an der Ahr nach und nach wieder voll in die Gänge kommen. Ohne können wir uns alle bald einen neuen Platz zum Leben suchen. Aber wenn Sie das Glück haben, relativ gut aus der Krise gekommen zu sein, finanziell halbwegs solide dazustehen und also die heimische Gastronomie unterstützen und gleichzeitig für sie werben zu wollen, da sind Sie aber ganz fix ein Feindbild für manch einen. Mir wollte das nicht in den Kopf, aber ich habe es irgendwann eingesehen und wurde vorsichtiger. Spätestens, als wir den runden Geburtstag meiner Frau im eigenen Garten feierten und mir anschließend von manchem der Betroffenenstatus aberkannt wurde, weil ich ja schon schöne Gartenpartys ausrichten konnte, war dann klar, dass man immer jemanden findet, der die Welt nur am eigenen Status misst. Und da verlieren Sie, solang nicht alle wieder in ihren Häusern sind. Egal, wie viel Sie selbst dafür getan haben, schnell wieder daheim zu sein.

Man mag es glauben oder nicht, aber auch bald ein Jahr nach der Flut hat niemand, nicht einmal jemand, dem es vergleichsweise sicher gut geht, die Kraft, sich mit ewig nölenden Idioten auseinanderzusetzen, denen es um nichts anderes geht, als destruktiv zu wirken. Und das Internet ist voll davon!

Das richtige Maß zu finden, habe ich dennoch weiterhin versucht, ob nun im Internet, in den Medien oder im persönlichen Gespräch. Ob mir das immer gelungen ist, weiß ich nicht. Aber es war wichtig. Denn polarisierende Stimmen hatte es weiß Gott genug.

Und es gab, bei allem, was noch richtig schlecht lief, doch auch so viele wichtige, positive Dinge, die man sich selbst und anderen immer wieder bewusst machen musste.

Die Gärten wurden wiederbelebt! Nicht alle, ich schätze, nicht mal die Hälfte. Aber so viele! Ob nun liebevoll mit eigener Hand gestaltet oder in koordinierten Aktionen wie denen meiner Frau, des »Helfer-Shuttle« oder anderer, im Tal aktiver Initiativen großflächig umgesetzt: Aus braun wurde grün.

Und, das waren uns persönlich die liebsten Gärten, manchmal auch so richtig bunt! Nachdem die Stadt es über den Winter mit einer Plakatwerbeaktion versucht hatte, die sehr gut gemeint war, aber eben nicht mehr als farbige Plakate in die Schaufenster zu bringen vermochte, sorgten nun mehr und mehr Menschen dafür, dass das Tal nicht mehr nur wie die Trümmerstätte aussah, die es an so vielen Stellen bis heute geblieben ist. Dass es Kontraste gab. Dass die Macht, die der Frühling schon immer hatte und die für dieses Tal so wichtig war, in die richtigen Bahnen gelenkt wurde. Ich persönlich konnte mich da Tag für Tag drüber freuen, über jedes Fitzelchen Erde, das Farbe bot. Nicht einmal vordringlich, weil mir, weil uns die Natur so wichtig ist und wir die Bedeutung dieser Farbenpracht im ökologischen Sinn so hoch schätzten. Sondern vor allem, weil uns schon in den Wochen nach der Flut, als die ersten Menschen bei uns Halt machten und sich darüber freuten, dass wir einen so schönen Vorgarten hatten, bewusst wurde, welch heilsame Wirkung es haben würde, wenn wir alle nach den dringenderen Aufgaben an und in den Häusern unsere Gärten wieder zum Leben erwecken könnten.

Dazu kam, im März, April rum ging es zaghaft damit los, die Eröffnungswelle. Spätestens im Mai hatte man das Gefühl, dass täglich irgendwo jemand wieder aufmachte, jedenfalls bei uns in der Stadt (ich weiß leider, dass das in den Orten die Ahr entlang weiß Gott nicht so einfach war). Es war eine reine Pracht! Die Jubelschreie meiner Kinder werde ich nie vergessen, als ich ihnen sagte, dass die Metzgerei Ropertz am 01.06. öffnen und es endlich wieder leckere Fleischwurst und Cabanossi geben würde (Tochter, 6, wortwörtlich: »Woa Papa, die vermisse ich sowas von!«).

Ideen wurden geboren, coole Locations wie das neue *Bell's* in Ahrweiler gestaltet, vor allem aber: Hoffnung verbreitet. Für alle, die sehen wollten, war klar, dass wir es, wenn es so weiterginge, schaffen würden. Dass wir im Sommer genug Leben in der Bude haben, damit nicht nur die Einheimischen, sondern auch Touristen kommen und sich bei allem, was es immer noch an Baustellen zu sehen geben wird, denken werden, dass es sich lohnt, wieder (oder erstmals) zu kommen.

Die Winzer zogen da locker mit. Bei allem Elend, das fast alle von ihnen durchgemacht hatten mit Flut, improvisierten Betrieben, ohnehin eher mittelmäßigem Jahrgang und der monatelangen Doppelbelastung, merkte man ihnen allen an, dass sie so richtig durchstarten wollten. Da wurden Lounges in den Weinbergen installiert, Wanderevents ausgerufen (»Saufen für den Wiederaufbau«, las ich irgendwo mal. Großartiges Motto, da kam nichts ran!), eine Strandbar im Kurpark aufgebaut (André, mein Held!) oder kurzerhand die Straßen mit Weinständen gesäumt. Bei Sermann, dem Weingut, das sich am Abend des 14.07.21 für immer bei mir festbrannte, hatte ich wirklich kurz gezittert und war sprachlos, als ich im Mai bei meiner ersten Rennradtour die Ahr entlang gesehen habe, wie man mit Durchhaltewillen und Improvisationstalent kurzerhand aus der Kelterhalle an der Ahr eine schicke Lounge am Wasser machen kann.

Und auch die Hotels standen dem nicht nach. Das *Bethelhotel* in Neuenahr war ohnehin noch im Rohbau gewesen und konnte im Februar schon eröffnen. Die Jugendherberge Ahrweiler zog Ende März nach, aber auch viele weitere wie das *Weinquartier Burggarten*, der *Rodderhof*, die *Eckschänke* oder der *Schützenhof* (im »Nur-Übernachtung-Betrieb« ohne Erdgeschoss, aber wie cool war das?) gaben Vollgas. Andere, wie das *Hohenzollern*, mussten zum Glück nie geschlossen werden und hatten sich auf so viele Weise verdient gemacht, dass man ihnen von Herzen lebenslange 100-prozentige Auslastung gönnt. Insbesondere die ganz »Großen«, bei denen es naturgemäß andere, komplexere und damit längere Prozesse brauchen würde, harrten natürlich noch der Dinge. Die Richtung jedoch war klar.

Es gab Platz für Gäste, und, nachdem die ersten Events etwas zaghaft angenommen wurden, war spätestens mit den grandiosen, wenn auch auf Betroffene durchaus unterschiedlich wirkenden »Dankwellen« und den Wanderevents im Mai der Bann gebrochen, wie ich meine. Jetzt mussten nur noch sich selbst verstärkende Prozesse greifen, also die Weiterempfehlung, die Lust auf »Mehr« bei allen an der Ahr, die etwas anzubieten haben, und damit die Sicherheit für alle, die noch zögern, dass es sich lohnen wird. Dann schafft das Tal es, und wer weiß, vielleicht wird es ja irgendwann noch schöner, stärker und dabei – persönlicher Wunsch – cooler und jünger als je zuvor? Es wäre noch immer keine Entschädigung für alles, was viele Menschen hier erlitten haben.

Aber es wäre eine Zukunft!

»Besuchen Sie das Ahrtal, sobald es wieder geht«, Sie erinnern sich?

Tun Sie das!

Es braucht Sie alle!

KAPITEL 8 – ZUM KATASTROPHENSCHUTZ

Das Kapitel hier wird lang, das kann und will ich Ihnen nicht ersparen. Denn wenn es mich schon ein geschlagenes Jahr beschäftigt und eine der drängendsten Fragen ist, die sich aus dieser Katastrophe ergeben, dann sollte man sich dafür auch die Zeit nehmen. Ich beginne also mit einer Meldung des Magazins *Fokus* vom 13.12.2021:

Trotz der Flut und all den Toten hat die Politik aus dem Ahr-Drama bisher nichts gelernt:

»Der Bund besitzt für den Katastrophenschutz nicht die ausreichenden Kompetenzen und Strukturen«, erklärt Irene Mihalic, innenpolitische Expertin und neue Parlamentarische Geschäftsführerin der grünen Bundestagsfraktion, gegenüber FOCUS Online*: »Das BBK muss daher deutlich personell und finanziell gestärkt und mit einer Zentralstelle ausgestattet werden, um bei länderübergreifenden oder besonderen Lagen Hilfsmaßnahmen koordinieren zu können. Eine solche Zentralstellenfunktion kennen wir übrigens bereits vom Bundeskriminalamt«, so Mihalic, die übrigens promovierte Polizistin ist.*

Ausgerechnet das BBK soll die Zügel in die Hand nehmen? Eine Behörde, die nicht einmal einen nationalen Warntag organisieren kann und keinerlei praktische Erfahrung im Krisenmanagement hat?

Mihalic: »Die Probleme beim ›Warntag‹ unterstreichen die Notwendigkeit einer grundlegenden Reform des Bevölkerungsschutzes noch einmal, und daher ist es gut, dass die Übung bestehende Probleme schonungslos offengelegt hat, die jetzt abgestellt werden müssen.«

Für Mihalic würden gerade in der Krise Erwartungen an das BBK gestellt, die die Behörde aus rechtlichen Gründen bisher nicht erfüllen könne: »Der Bund ist streng genommen nur für Zivilschutz im Verteidigungsfall zuständig. Die Länder für den Katastrophenschutz.« Diese strikte Trennung hält die Ampel-Koalition nicht mehr für zeitgemäß. Mihalic: »Das BBK verfügt über die fachliche Expertise und mit dem Gemeinsamen Melde- und Lagezentrum auch grundsätzlich über die nötige Infrastruktur, um diese Aufgaben zu erfüllen.«

Für Mihalics Ampel-Kollegin Sandra Bubendorfer-Licht von der FDP liegt der Schlüssel zu einem modernen Katastrophenschutz »in der Zusammenarbeit der föderalen Ebenen gepaart mit Feuerwehren und den Hilfsorganisationen«.

Die Bundestagsabgeordnete Bubendorfer-Licht zu FOCUS Online*: »Dabei muss das BBK integrierend wirken und die Organisationen zusammenführen. Außerdem müssen gemeinsam regelmäßige Übungs- und Einsatzpläne für mögliche Szenarien geplant und besprochen werden, damit im Ernstfall ein Rädchen in das andere greift.« Die Bereitschaft zur Zusammenarbeit und weniger zur Abgrenzung gegenüber anderen Organisationen sei dabei essenziell.*

Und auch Sebastian Hartmann von der SPD, der dritte Innenexperte im Bunde der Ampel-Koalition, will das BBK stärker in die Pflicht nehmen: »Ein zentrales Ziel des Koalitionsvertrages ist, das BBK als Zentralstelle zu bündeln und auszubauen. Ad-hoc-Strukturen müssen ersetzt werden durch klare Entscheidungs- und Verantwortlichkeitsstrukturen. Daher muss das BBK mit den nötigen finanziellen Mitteln und ausreichend Personal ausgestattet werden. Es gilt: Ein starker Staat schafft die nötigen Voraussetzungen zur Erfüllung seiner Aufgaben.«

Beim Thema Katastrophenschutz passt also kein Blatt Papier zwischen die Ampel-Parteien. Doch: Um dem Bund die Krisenkoordination, die bisher bei den Ländern liegt, zu übertragen, bedarf es einer Änderung im Grundgesetz, etwa des Artikels 35. Hier wäre die Ampel auf Stimmen der Opposition angewiesen.

Denn für eine Grundgesetzänderung benötigt die Ampel eine Zwei-Drittel-Mehrheit. Die Ampel-Fraktionen verfügen im Bundestag aber nur über 416 von 736 Stimmen, würden jedoch mindestens 491 benötigen. Ohne die Stimmen der Union ist Olaf Scholz' Ampel beim Katastrophenschutz also machtlos.

Da durfte man gespannt sein, dachte ich. Und bleibe ich. Bisher scheinen nämlich die damaligen Zitate, die ich allesamt unterschreiben würde, fromme Wünsche geblieben zu sein. Realpolitik, wir erinnern uns. Für mich war von Beginn der Katastrophe an klar, dass die Lösung im Katastrophenschutz nur eine zentrale Verantwortung des BBK sein konnte, um, in Kooperation mit den Bundesländern und deren noch aufzubauenden Strukturen, mit sinnvoller zentraler und dezentraler Kompetenzverteilung je nach Dimension einer Katastrophe effektiv vor Ort wirken zu können.

Wo die Lösung *nicht* lag, war wohl jedermann klar: bei einer Kreisverwaltung. Und damit sagt man ganz sicher nichts über die grundsätzliche Leistungsfähigkeit der Kräfte einer Kreisverwaltung (die, streng genommen, aktuell allesamt und jede für sich verpflichtet sind, leistungsfähige Strukturen aufrecht zu erhalten). Aber alles über die Dimension einer Katastrophe, wie sie sich im Ahrtal ereignet hat, und die jede noch so große und gut beschulte Kommunalverwaltung überfordern müsste – selbst wenn sie einen Landrat an der Spitze hätte, der für sein Geld auch arbeitet, wenn es darauf ankommt.

Um mich nicht unnötig oft zu wiederholen, würde ich Ihnen gern eine Rede zum Lesen anbieten, die ich am 10.03.2022 vor Mitgliedern des sogenannten »AK III« der FDP-Fraktion im Deutschen Bundestag halten durfte. Eine sehr aufgeschlossene Zuhörerschaft, die inhaltlich im Ergebnis deutlich mit mir übereinstimmte. Was absolut ermutigend war! Aber lesen Sie selbst; ich habe die Rede so angepasst, dass Sie sich als Leser adressiert fühlen können, auch wenn Sie keine Abgeordneten sind – oder gern sein möchten ☺

Als die FDP mich am 28. Januar anschrieb und fragte, ob ich einen Impulsvortrag in diesem Rahmen halten wolle, hätte ich niemals damit gerechnet, dass ich wenige Wochen später in einer völlig anderen Zeit leben würde.

Dass mein eigenes Thema, über das ich heute sprechen möchte, mir plötzlich eher klein und unbedeutend vorkommen würde. Was ist schon eine Jahrtausendflut gegen die Tatsache, dass in Europa wieder Krieg geführt wird?, so dachte ich kurz.

Aber nur kurz!

Denn es gibt zahlreiche Parallelen zwischen dem, was am und nach dem 14.07.2021 geschehen ist, und dem, was Menschen in einem Krieg erleben müssen. Ein Oberstleutnant, der mehrfach im Kampfeinsatz war, sagte mir nach seinem ersten Abend an der Ahr im vergangenen Sommer Folgendes:

»Du hast recht, das hier ist wie Krieg. Es gibt nur zwei Unterschiede:

Erstens muss man nicht permanent Angst haben, erschossen zu werden.

Und zweitens haben wir viel bessere Kommandostrukturen.«

Ich möchte noch einen dritten Unterschied hinzufügen, den mir vor wenigen Wochen ein Bekannter aus der Entwicklungshilfe verdeutlichte und den ich als Betroffener dieser Katastrophe sehr gut verstand.

Der Unterschied besteht darin, dass man im Krieg einen Feind hat!

Ich spreche heute zu Ihnen als Betroffener, als Opfer einer Naturkatastrophe, als Buchautor zu diesem Thema. Ich kann dabei naturgemäß meine berufliche Erfahrung nicht ganz ausblenden, einige von Ihnen wissen, dass ich professionell mit der Vorbereitung auf die und der Bewältigung von Großschadenslagen befasst bin und somit durchaus weiß, wovon ich heute Abend spreche.

Am 14.07.2021, etwa gegen Mitternacht, begann das Wasser in mein Haus zu laufen. Gefühlt fünf, in Wahrheit vielleicht 30 Minuten später war mein Erdgeschoss komplett überflutet, meine Familie und ich im Obergeschoss zum Warten und Hoffen verdammt. Ich möchte Ihnen die sehr emotionalen Aspekte dieser Nacht ersparen, sie lassen sich bei Interesse jederzeit nachlesen.

Ich wurde aber gebeten, meine persönlichen Erfahrungen im Zusammenhang mit der Katastrophe zu schildern und Schlussfolgerungen zu ziehen, insbesondere für die Organisation des Katastrophenschutzes.

Diese Erfahrungen beginnen mit einer Durchsage der lokalen Feuerwehr am 14.07.2021 um 20:07 Uhr in meiner Straße. Sie befindet sich bis heute als Video auf meinem Handy und auch in den Akten der Staatsanwaltschaft Koblenz und lautet wie folgt (die ersten Worte fehlen):

»… Ahr ist die Hochwassergefahr sehr hoch. Innerhalb der nächsten 24 Stunden ist mit Überflutungen, Stromausfall und Verkehrsbehinderungen zu rechnen. Halten Sie sich möglichst nicht in Kellern, Tiefgaragen und tieferliegendem Gelände auf. Sichern Sie flussnahe Gebäude und entfernen Sie Ihre Pkws aus dem Gefahrenbereich. Informieren Sie sich über die Medien und behalten Sie das Wetter und das Abflusssystem im Auge. Achten Sie unbedingt auf Ihre eigene Sicherheit und auf die Anweisungen der lokalen Einsatzkräfte.«

Diese Durchsage nahm vielen Menschen ihre Angst.

Sie weckte Vertrauen in den Glauben, dass das Wasser, wie so oft schon, das Ahrufer überfluten und den Rest der Stadt, den Rest des Tals verschonen würde. Diese Durchsage sorgte, in meinem Fall, im Fall all meiner Nachbarn, und sie hätte wohl im gesamten Tal für relative Entspannung gesorgt.

Am 14.07.2021 um 20:07 Uhr.

Um diese Durchsage zu verstehen, lange nach dem Zeitpunkt, an dem alle verfügbaren Daten vorlagen, um eine verheerende Katastrophe zu einer sehr realen Bedrohung zu machen, muss man sich die Strukturen, die im Katastrophenfall greifen, im Detail ansehen.

Und feststellen, dass es sie, jedenfalls in einem solchen Fall, faktisch nicht gibt.

Sucht man dennoch, findet man an diesem Abend mehrere Männer, die allermeisten von ihnen Ehrenamtler, die in einem Keller (!) in der Kreisverwaltung Ahrweiler sitzen und ohne stabile Kommunikationswege mithilfe von Vierfach-Durchschlägen (!) versuchen, eine Situation zu händeln, für die nicht ein Einziger von ihnen ausgebildet oder auch nur geschult wurde.

Eingeschränkt durch einen eklatanten Mangel an allem, was in einer solchen Situation richtig, wichtig und professionell gewesen wäre.

Geführt von einem Mann, der seine vordringlichste Aufgabe, den Schutz der ihm anvertrauten Bevölkerung, nicht nur auf dem Papier delegiert, sondern damit offenbar vollständig und lückenlos aus seinem Denken extrahiert hatte.

Im Stich gelassen von einer eigentlich zuständigen übergeordneten Behörde, die bis heute darum kämpft, das »Grundprinzip der lokalen Verantwortung« selbst bei einer Jahrtausendflut zum Narrativ zu machen.

Besucht und mit Pressefoto beglückt durch einen Minister, der mit dem Zitat: »Ich habe einen ruhig und konzentriert arbeitenden Krisenstab vorgefunden«, das Maximum an Ungereimtheiten in einen einzigen Satz gezwungen hat.

Ich neige dazu, den Menschen, die dort saßen, keinen Vorwurf zu machen, sie konnten es gar nicht besser machen und haben sicher alles gegeben, was in ihrer Kompetenz lag. Mein Vorwurf richtet sich an diejenigen, die sie in eine solche Situation gebracht haben.

Denn all das, meine Damen und Herren, ist genauso

vorgesehen von einer Gesetzgebung, die nicht unterscheidet zwischen Wohnhausbrand und Vulkanausbruch, zwischen vollgelaufenen Kellern und Tsunami, zwischen leichtem Erdbeben und Meteoritenaufprall.

Zwischen einem Schadensereignis also von regionaler und einem Großschadensereignis von bundesweiter Tragweite.

Das ist die traurige Wahrheit, und um nichts anderes darf es aus meiner Sicht gehen.

Diese Wahrheit lautet:

Katastrophe! Ist! Kreisliga!

Und zwar nicht nur in Rheinland-Pfalz, wenngleich unser Bundesland bemerkenswert weit hinten rangiert und als eines von nur drei Bundesländern nicht einmal eine Definition für »Katastrophe« kennt, was für sich genommen eigentlich schon die Definition für Katastrophe ist!

Nein, dieser Zustand gilt – in unterschiedlichen Ausprägungen – bundesweit, wenngleich einzelne Länder zumindest über feste Landeskrisenstäbe verfügen.

Katastrophe! Ist! Kreisliga!

Das mag plakativ klingen, verehrte Damen und Herren Abgeordnete. Aber es ist ein Fakt.

Um zu verdeutlichen, weshalb dieser Fakt so verstörend ist, würde ich gern einen Blick in den polizeilichen Kontext werfen, in dem es ein kopierfähiges Konstrukt gibt: Aufgabenteilungen und Aufgabenübergänge zwischen örtlich zuständiger Behörde, Landesbehörde sowie in letzter Konsequenz dem Bund – abhängig in allererster Linie von der Erheblichkeit des Geschehens!

Bereits in der Alltagsorganisation beschäftigen sich lokale Polizeibehörden eher mit Fahrraddiebstahl bis hin zum BTM-Delikt, übergeordnete Präsidien und schließ-

lich die Landeskriminalämter mit Schwerkriminalität und spezialisierten Deliktsfeldern sowie schließlich das Bundeskriminalamt im Rahmen seiner gesetzlichen Zuständigkeiten insbesondere mit international organisierten Kriminalitätsformen sowie ganz maßgeblich dem Extremismus und Terrorismus.

Im Fall eines Großschadensereignisses wird eine sogenannte »Besondere Aufbauorganisation« zunächst in der örtlich zuständigen Dienststelle, im zweiten Schritt jedoch immer *von übergeordneter Stelle, durch beübte Kräfte in konzeptionierten, vorbereiteten und ebenfalls beübten Strukturen gebildet, um der Lage Herr zu werden. Und – glücklicherweise passiert das eher selten – wenn es sich um eine Anschlagslage handelt, der Generalbundesanwalt die Ermittlungen an sich zieht und das Bundeskriminalamt damit beauftragt: Dann übernimmt das BKA.*

Und auch wenn dieses bundesweit tragfähige, erprobte und im Großen und Ganzen erfolgreiche Konzept zum Ende hin lediglich einen Teil der zu treffenden Maßnahmen beinhaltet, da die Komponente der Gefahrenabwehr immer beim zuständigen Bundesland verbleibt, beweist es doch, dass es möglich ist, eine sinnvolle Arbeitsteilung zwischen Kommunen, Ländern und dem Bund sowohl in der Vorbereitung als auch in der Durchführung hoheitlicher Aufgaben zu implementieren, abhängig von der Art und Intensität des vorliegenden Ereignisses.

Ich darf Sie bitten, sich bei Bedarf danach zu erkundigen, ob sich je ein einziges Land, eine einzige Kommune in der Bundesrepublik Deutschland darüber beschwert hätte, dass beziehungsweise wenn im Fall eines Terroranschlags das BKA kommt.

Für mich stellt sich daher die Frage:

Wenn die Bundesrepublik Deutschland es – vollkommen zu Recht – für richtig und wichtig hält, im Anschlagsfall auf Bundesebene handlungsfähig zu sein und auch als Bund handeln zu können:

Wieso fehlt ihr dann der Wille bei selbst länderübergreifenden Naturkatastrophen, deren Dimension und Komplexität die Abarbeitung von Terroranschlägen um ein Vielfaches übersteigen können?

Ein paar Fakten zur Lage an der Ahr:

134 Todesopfer im Ahrtal, allein 69 davon in Bad Neuenahr-Ahrweiler, zwei Personen noch immer vermisst.

Tausende Menschen verletzt, unzählige traumatisiert.

Brücken, Straßen, ganze Dörfer weitgehend zerstört; Industrie, Hotels, Gastronomie, Weinbaubetriebe, Einzelhandel, Discounter, die gesamte wirtschaftliche Infrastruktur an der Ahr wochen- bis monatelang nahezu ausgelöscht.

Milliardenschäden im privaten und öffentlichen Bereich.

Am 15.07.2021 lagen diese Fakten zwar noch nicht vor, die meisten davon waren jedoch deutlich absehbar. Ebenfalls muss klar gewesen sein, dass zur Bewältigung dieser Einsatzlage folgende Kräfte zwingend notwendig würden, sehr grob dargestellt:

- *Feuerwehren*
- *Sanitäts- und Rettungsdienste*
- *Polizei*
- *Technisches Hilfswerk*
- *Streitkräfte*
- *Sozialdienste, psychosoziale Notfallversorgung, Strukturen der Opferhilfe*
- *Karitative Einrichtungen und Verbände*

Und nicht zuletzt: Strukturiert eingesetzte freiwillige Helferinnen und Helfer, insbesondere solche mit schwerem Gerät.

Mir lagen nie die Einsatzunterlagen vor, von denen ich hoffe, dass es sie wenigstens gab, aber ich versichere Ihnen – dazu muss man kein Fachmann sein –, dass nur ein Bruchteil der genannten Kräfte einschließlich der logistischen Komponenten dahinter in der unmittelbaren Verfügungsgewalt des Landes Rheinland-Pfalz standen.

Und der Bruchteil eines Bruchteils in der Verfügbarkeit des Kreises Bad Neuenahr-Ahrweiler.

Doch wie für die eigentlich notwendige Arbeit am 14.07.2021, die Menschenleben hätte retten können, sollte auch für die Abarbeitung dieser Katastrophe, für den Aufbau tragfähiger Strukturen, die innerhalb weniger Tage hätten greifen müssen, für die Koordination dieser Kräftevielfalt und -vielzahl am 15.07.2021 eben diese Kreisverwaltung verantwortlich sein.

Ich weiß nicht, wie Sie das nennen. Ich nenne das einen gesetzgeberischen Systemfehler, eine strategische Fehlleistung, eine konzeptionelle Katastrophe, in Kurzform, schlicht und ergreifend: beschämend! Und ich darf Ihnen versichern, dass jeder einzelne betroffene Mensch an der Ahr, und das sind mittelbar alle, das ebenso sieht.

Sie müssen mir nachsehen, wenn eine große Bitterkeit aus mir spricht, aber ich hatte acht Monate lang Zeit, bitter zu werden.

Allein schon die Anzahl maßgeblicher Änderungen in Struktur, Aufstellung, Professionalisierung der Bundesrepublik Deutschland im Katastrophenschutz ist dazu geeignet, die Bitterkeit aufrecht zu erhalten. Es sind nämlich – bislang – gar keine.

Nehmen wir die Feuerwehr, die bei Naturkatastrophen eine absolut wesentliche Rolle spielt.

90 Prozent – ein seit einem Jahrzehnt in der Feuerwehr

engagierter und erfahrener Freund sagt mir sogar, 97 Prozent der mehr als eine Million Feuerwehrleute in Deutschland sind Freiwillige! Das ist ein erstaunliches Zeugnis für die Stärke des Ehrenamts in Deutschland. Aber eine Bankrotterklärung an die Absicht, der Feuerwehr abseits großer Städte professionelle Strukturen zur Verfügung zu stellen, beginnend mit Menschen, die dafür bezahlt werden, dieser unglaublich verantwortungsvollen Aufgabe nachzukommen.

Eine Umfrage der Expertenkommission »Starkregen«, die von der Vereinigung zur Förderung des Deutschen Brandschutzes in Zusammenarbeit mit dem Deutschen Feuerwehrverband mit der Aufarbeitung des Gesamteinsatzes im Sommer 2021 beauftragt wurde, konstatiert zur Frage der Vorbereitung auf vergleichbare Lagen:

- *Mangelnde Mittel*
- *Miserable Kommunikationsmittel und -möglichkeiten*
- *Unzureichende Motorisierung*
- *Hubschrauberverfügbarkeit und Leistungsfähigkeit sowie*
- *Mangelndes Interesse der Politik*

»Die Problematik zieht sich […] quer durch alle Organisationen und administrativen Ebenen hinweg«, so Doktor Ulrich Cimolino, der Vorsitzende der Kommission und Branddirektor in Düsseldorf.

Ebenfalls konstatiert wird in schmerzlicher Deutlichkeit:

»Seit dem Hochwasser an Oder und Elbe gab es keine durchgängige Verbesserung der Schwachstellen.«

Dem ist nur noch hinzuzufügen, dass eine solche oder vergleichbare Aussagen ganz bestimmt bei jedweder Bestandsaufnahme im Kontext »Katastrophenschutz, Katastrophenbewältigung« zu erwarten wären.

Meine Damen und Herren,

lebten wir in einer Welt, die ich mir wünschen kann, würde diese Welt beim BBK anfangen, das Thema »Katastrophenschutz« in Deutschland wieder zur Priorität zu machen. Dieses Amt, das die Lüge »Bevölkerungsschutz und Katastrophenhilfe« schon im Namen trägt, ist – gegen seinen eigenen Willen – reichlich zahnlos, und auch das ist bitter, erst recht vor dem Hintergrund der neuen Welt, in der Kriege in Europa nicht mehr auszuschließen sind, und Pandemien, freundlich gesprochen, eher suboptimal bewältigt wurden.

Was wäre zu erreichen mit einem Amt, das sich, gestärkt durch Gesetzesänderungen oder, wenn für diese keine Mehrheiten zu gewinnen sind, durch MPK-Beschlüsse, Bund-Länder-Vereinbarungen oder andere erprobte Grundlagen, daran machte, sich selbst und die Bundesländer fit für den Katastrophenschutz zu machen?

Das eine in jeglicher Hinsicht koordinierende Rolle erhält?

Das eigene Kompetenzen aufbaut, einsatzfähige 24/7-Komponenten unterhält, Länderakten erstellt?

Im Ergebnis also die zentrale Behörde wäre, die alles über den Katastrophenschutz, über verfügbare Kräfte, logistische Ressourcen, Einsatzaufbau und -führung in Deutschland wüsste, was es zu wissen gibt, erreichbar und handlungsfähig wäre und bei Bedarf sofort unterstützen oder auch übernehmen könnte, wenn es um die Führung von Großschadenslagen geht?

Ein Wunschtraum, ja! Aber keiner ohne Vorbild.

Und mal im Ernst: Wollen wir, gerade jetzt noch, dass ein Amt im Verteidigungsfall den Zivilschutz in Deutschland übernimmt, das über keinerlei operative Erfahrung aus Friedenszeiten verfügt, mit Ausnahme der Komponente angeforderter Katastrophenhilfe?

Das BBK müsste nicht einmal bei null anfangen.

Die aus der gesamten Bundesrepublik regelmäßig dort tätigen Kräfte, die beim Aufbau und der Durchführung von Stabsrahmen- oder Vollübungen an der BABZ unterstützen, dürften mit das Maximum an Leistungsfähigkeit darstellen, das unser Land auf diesem Gebiet zur Verfügung hat. Kräfte, die regelmäßig eingesetzt werden, um anderen zu helfen, Krise zu üben. Kräfte, die Krise können und dieses Wissen vermitteln!

An der BABZ. In Ahrweiler.

Einer Einrichtung, die fast jeden Landkreis der BRD schon einmal bei sich begrüßen durfte.

Mit Ausnahme des Kreises Ahrweiler.

Ich will an dieser Stelle den Rapper Samy Deluxe zitieren, der 2001 sang:

»Weck mich bitte auf aus diesem Albtraum!«

Um es noch einmal auf den Punkt zu bringen:

Die Katastrophe in der Katastrophe war der Katastrophenschutz.

Doch der Albtraum in der Nacht zum 15.07.21 und die folgende Zeit hatten nicht nur negative Seiten, und das ist bei allem, was ich hier kritisiere, das Versöhnliche:

Die Menschen in diesem Land haben bewiesen, und sie tun das bis heute, dass wir zu beispiellosen Akten der Solidarität und zu gemeinsamen Kraftanstrengungen von historischem Ausmaß in der Lage sind. Unabhängig von Alter, Geschlecht, Herkunft oder Religion.

Und die Menschen an der Ahr wie ganz sicher auch die Menschen in Nordrhein-Westfalen haben bewiesen, dass es möglich ist, alles Leid, die Trauer, Wut, Ohnmacht, Hilf-

losigkeit zu verdrängen, solang wir auf Dinge bauen können wie Liebe, Hoffnung, Humor.

Die Menschen haben ihre Menschlichkeit gezeigt, manche vielleicht wiederentdeckt, und das Ergebnis hat Tausende von Geschichten geschrieben, die es ebenso wert wären, erzählt zu werden wie die meine.

Und in Einzelfällen hat sich sogar etwas gezeigt, was ich gerade im Beamtentum viel zu oft vermisse: Auch offizielle Stellen, Behörden und dort verantwortliche Personen haben mitunter erst gehandelt und dann die Frage nach der Zuständigkeit gestellt.

Was für ein Land könnten wir sein, wenn diese Maxime wieder zur Leitlinie würde!

Mich macht all das glücklich, es ermutigt mich, und es verhindert auch, dass ich im Wissen, dass sich am Ende nichts oder nur wenig an dem ändern wird, was für die Katastrophe und den Umgang mit ihr verantwortlich ist, trotzdem nicht aufgebe.

Die Menschen, die allesamt so hart gekämpft haben, die so sehr über sich hinausgewachsen sind, die dem eigenen Land ein Beispiel dafür gegeben haben, wozu es imstande ist – diese Menschen sind es wert.

Also erzähle ich meine Geschichte, wo immer ich kann, führe jedes Gespräch, das sich ergibt, und werde nicht müde, meine Forderungen zu wiederholen, in der Hoffnung, dass sich auch nur eine davon irgendwann zumindest in Teilen erfüllt:

1. *Die Landkreise sind zu verpflichten, die ihnen obliegenden Verantwortlichkeiten im Katastrophenfall mindestens in der Erstphase der Menschenrettung planmäßig vorzubereiten, Funktionsträger und deren konkrete*

Verantwortung zu benennen und Katastrophenlagen mit diesen Kräften regelmäßig zu schulen. Geeignete Räumlichkeiten zur Lagebewältigung sind vorzuhalten, Informations- und Kommunikationsstrukturen sind vorzubereiten, eine 24/7-Fähigkeit ist, mindestens auf Basis von Rufbereitschaften, sicherzustellen.

2. *Alle Bundesländer sind zu verpflichten, Landeskrisenstäbe mit Lage- und Einsatzzentren zu unterhalten, um in einer Katastrophensituation einsatzfähig zu sein. Katastrophenfälle, die damit in Zusammenhang stehenden Aufgaben sowie deren Organisation inklusive jeweiliger Zuständigkeit und deren Abgrenzung sind gesetzlich zu definieren.*
3. *Der Katastrophenschutz in Deutschland gehört, mindestens koordinierend, in die Gesamtverantwortung des Bundes, anzusiedeln beim BBK. Das BBK ist strukturell, stellenmäßig, logistisch und haushalterisch so auszustatten, dass es dieser Verantwortung gerecht werden kann. Der aktuellen Nachrichtenlage zufolge scheint dieser politische Wille in der Ampelkoalition oder Teilen davon noch nicht vorhanden zu sein.*

An Sie alle schließlich meine persönliche Bitte, im Namen der Menschen an der Ahr und darüber hinaus, die Familienangehörige, Freunde, Bekannte, ihre Existenz oder auch nur ein Stück ihrer Sicherheit und ihres Vertrauens verloren haben:

Lernen Sie aus der Katastrophe!

Vergessen Sie nicht!

Treiben Sie das Thema voran!

Machen Sie das Land sicherer und helfen Sie so, künftige Opfer zu vermeiden.

Ich danke Ihnen!

Das war's. Mehr an Pulver hatte ich nicht zu verschießen.

Und was für ein Jammer war es, dass ich Wochen später auf einem Lehrgang einen Mann kennenlernen durfte, der quasi das gesamte Munitionsdepot sprichwörtlich verwaltete: Dr. Dominic Gißler, Experte für Stabsarbeit (er hat eine der lediglich Handvoll Doktorarbeiten geschrieben, die es überhaupt zu dem Thema gibt) und in der Expertenkommission »Starkregen« der vfdb Leiter der Arbeitsgruppe Stabsarbeit, hatte zu dieser Zeit als Erster eine Veröffentlichung vorbereitet, die sich auf Ergebnisse der Befragung der Expertenkommission stützte – und den Verantwortlichen für die Krisenbewältigung ein geradezu vernichtendes Zeugnis ausstellte.

Er veröffentlichte Zitate von Einsatzkräften aus der Befragung der vfdb[1], die so himmelschreiend waren, dass ich mich wirklich ärgere, sie zum Zeitpunkt meiner Rede nicht gekannt zu haben.

Beispiele gefällig? Kein Problem:

»Die Führungsorganisation in Rheinland-Pfalz basiert nicht auf den Orientierungen der Feuerwehr-Dienstvorschrift 100«.

»Wenn sich alle acht Stunden eine Technische Einsatzleitung übergibt (sic!!!) *und sich dabei drei verschiedene Arbeitsweisen (analog, MS Office, Führungssoftware) begegnen, können vorherige Arbeitsergebnisse nicht übernommen werden.«*

»Die Funktion ›Leiter des Stabes‹ wurde zu häufig durch neue Personen besetzt.«

»Stabsstellen hatten keine definierten Funktionsmailadressen.«

»700 Einsatzkräfte mit 200 Fahrzeugen wurden durch Deutschland geschickt. Als wir angekommen sind, wusste

keiner, dass wir kommen. Anschließend wurden wir zum Nürburgring geschickt, um zu warten und wieder umzudrehen, weil keiner wusste, dass wir kommen.«.

Das geht in einem so durch.

Kennen Sie diese »Kopf-Tisch«-Memes? Ich wünschte, ich hätte zwei Köpfe, um sie auf den Tisch zu hauen, wenn ich so was lese.

By the way, wieso der Untersuchungsausschuss im Landtag Rheinland- Pfalz den Mann nicht längst eingeladen hat, wird eines der ungelösten Rätsel der jüngeren Geschichte bleiben. Allein die jüngsten Erörterungen im Ausschuss und die in höchstem Maße spannende Frage, wieso es im Verlauf des 14.07.2021 irgendwann keinen »S2«, also keinen Lagebereich mehr gab, bieten doch ausreichend Anlass, mal einen Profi anzuhören?

Auch das Spannungsfeld »Verantwortung versus Ehrenamt«, das ich mit ihm erörtern durfte, halte ich für relevant, wenn es darum geht, was wir aus der Katastrophe lernen können. Denn ob Ehrenamtliche diese enorme Verantwortung tragen sollten, das muss man doch mal diskutieren!? Für Stabsarbeit, so die Einschätzung von Dr. Gißler und der Kommission, die ich bedingungslos teile, braucht es professionalisierte Führungspersonen, die leistungsfähige Führungssysteme unterhalten und in hoch anspruchsvollen Einsätzen wirken können.

Bei der Polizei ist das der Standard.

Im Katastrophenschutz überlässt man die Führungsfunktionen teils noch ehrenamtlichen Kreisbrandmeistern oder -Inspektoren. Wohlgemerkt, für Situationen, die deutlich seltener eintreten und deren Ausmaß deutlich schlimmer ist als bei rein polizeilichen Einsätzen!

Aber sei es drum, meine Rede zeigte jedenfalls ihre

Wirkung. Und ich bin der FDP sehr dankbar dafür, dass sie mich nicht nur angehört, sondern auch beschlossen hat, das Thema voranzutreiben. Ich bin realpolitisch leider zu erfahren, als dass ich mich deswegen großen Illusionen hingeben würde. Aber ich glaube, wenn zwei von drei Parteien der Ampelregierung dem Thema »Katastrophenschutz« eine hohe Priorität beimessen, bekommt man auch einen alten Dampfer wie die SPD irgendwann auf Kurs, bei der MdB Hartmann offensichtlich noch auf verlorenem Posten steht. Diese Hoffnung jedenfalls gebe ich nicht auf. Es ist einfach zu wichtig, dass sich etwas ändert, denn eines ist doch mal klar: Das wird in meiner Lebenszeit (und darüber hinaus schon mal gar nicht, siehe Kapitel 3) nicht die letzte größere Naturkatastrophe in Deutschland gewesen sein! Wer das glaubt, sollte Schäfchen zählen gehen. Und wenn man darüber nachdenkt, wie wir sicherheitspolitisch seit den 70er-Jahren auf Terroranschläge reagiert haben (völlig zu Recht, da mögen Sie mir die wenig FDP-nahe Haltung verzeihen!), muss man sich doch die Frage stellen, wieso wir nach der Mutter aller Katastrophen beim Katastrophenschutz etwa so beherzt antreten, als sei in China ein Sack Reis umgefallen?

Neue Besen kehren ja bekanntlich gut, insofern war und bleibt es für mich spannend, dass nach dem sehr plötzlichen Weggang des bisherigen BBK-Präsidenten Armin Schuster nach kurzer Zeit mit Ralph Tiesler ein fachlich durchaus sehr versierter Nachfolger benannt wurde, auf dessen Schultern nun eine Menge Hoffnungen ruhen.

Ich bleibe dabei, was ich in Gesprächen mit Grünen- und FDP-Fachpolitikern gesagt habe, wenn man mich fragte: Gebt dem Mann die Prokura, eine komplette Abteilung dafür, 200 gute Leute und zehn Jahre Zeit – dann könnte man den Katastrophenschutz in Deutschland in halbwegs vernünftiges Fahrwasser bringen. Wer denkt, es sei mit weniger getan – da verdiene ich mir jetzt mal den Namen »Streitschrift«, den mein Verlag viel lieber gehabt hätte –, hat keinen blassen Schimmer, was da alles zu tun wäre!

KAPITEL 9 – POLITISCHE VERANTWORTUNG

Sie können sich eventuell vorstellen, dass es einem Menschen nicht besonders leichtfällt, dem Staat, dem er – mit einiger Hingabe und großer Freude – dient, in einem Buch ein eher miserables Zeugnis auszustellen. Und Sie dürfen sicher sein, dass man sich seine Gedanken macht, wann wohl die ersten unangenehmen Anrufe kommen nach der Veröffentlichung. Aber es hilft ja nichts, ich bin der Überzeugung, es ist sogar eine meiner Pflichten, dafür Sorge zu tragen, dass Verbesserung auf Basis berechtigter Kritik möglich ist.

Das Problem ist: Kritik wirkt leider nur, wo Kritikfähigkeit gegeben ist.

Fehlerkultur.

Selbstreflexion bei Entscheidungsträgern.

Am Ende vielleicht sogar Einsicht.

Sprich, all das, wovon wir ihm Ahrtal so rein gar nichts erlebt haben.

Davon aber reichlich!

Ich will das Landratsthema nicht überstrapazieren, wenngleich ich immer noch fassungslos bin, dass er meinen Rat in *Es war doch nur Regen!?* nicht angenommen hat und weit, *weit* weggezogen ist.

Aber war das nicht ein, nein, *das* Musterbeispiel für politische Verantwortungslosigkeit? Ach, was sage ich, Verantwortungslosigkeit? Für unglaublich dreistes Abwiegeln jeglicher Verantwortung! Mit dem Finger im Honigtopf.

Dem halben Arm! Mit geleakten Handynachrichten an seine Frau im *Spiegel*, die charakterliche Einblicke boten, welche unterhalb jeglicher Messlatte lagen?

Es tut mir leid, aber ich bin der Überzeugung, Es tut mir leid, aber ich bin der Überzeugung, gerade als Beamter *muss* man da fassungslos sein und es auch deutlich machen. Das sind die Menschen, die Teile der Bevölkerung gegen das Beamtentum, gegen Politiker, am Ende gegen »die Politik« oder auch »die da oben« aufbringen! Wie soll und kann ich das also verschweigen?

Doch wie kommt es eigentlich dazu?

Die Frage sollten wir uns schon stellen.

Wie ist das möglich? Dass ein Mann, der so eklatant, so fulminant, so für die gesamte denkende Menschheit erkennbar massivste Fehler begeht, sich kommunikativ anschließend brutal ins Abseits schießt – dass so ein Mann es bis heute nicht schafft, sich aufrecht hinzustellen und zu sagen:

»Ja, ich weiß. Ich habe Fehler begangen! Und es tut mir sehr, sehr leid.«

Wenigstens das? Ein Minimum an Einsicht, ein winziges Stück an Respekt gegenüber den Bürgerinnen und Bürgern dieses Tals, Betroffenen, Angehörigen verstorbener Menschen? Fehlanzeige! Und schieben Sie das jetzt bitte nicht auf Anwälte. Klar, jeder Strafverteidiger, der bis drei zählen kann, wird Ihnen in vergleichbarer Situation raten, gar nichts zu sagen, solang ein Strafverfahren läuft. Aber wenn Sie in sich hineinhören, ganz ehrlich: Würden Sie diesen Anwalt nicht zum Mond schießen, wenn er Ihnen selbst diese drei Sätze verbieten würde? Dachte ich mir. Also schieben Sie es nicht auf Anwälte. Das entscheidet man schon ganz alleine.

Die Antwort auf die Frage, wie es dazu kommen konnte, haben wir, jedenfalls alle, die sich seit Längerem politisch interessieren, recht gut verfolgen können: Es wird nicht mehr anders vorgelebt.

Ich weiß auch nicht genau, wann zwischen zu Guttenberg und Spiegel sich die Messlatte wie heftig verschoben hat. Aber verschoben hat sie sich. Und wie!

Da kann man auch quer durch die Reihen gehen, keine einzige Partei wäre frei von jeglicher »Schuld«. Es ist vielmehr wie bei den – im Frühjahr 22, wie Sie wissen, heiß und innig diskutierten – Spritpreisen: Solang alle Konzerne sich in diesem kosmischen Wunder der Gedankensynchronisation ohne physische Kommunikation einig sind, verschiebt sich die Latte einfach bei allen gleich, und alle haben was davon. Nur eben die Verbraucher nicht. Die, da liegt eine Überschneidung in der Metapher, zugleich Wählerinnen und Wähler sind.

Dennoch hinkt der Vergleich ein wenig, denn während es bei den Konzernen in Sachen Spritpreise eher still und verhalten zugeht, ist es im Politikbetrieb lieb gewordene Tradition, sich auf die Verfehlungen von Politikern anderer Parteien einzuschießen auf Teufel komm raus! Interessanterweise – aber da geht es schon los: Um das zu wissen, muss man zumindest ansatzweise verfolgen, was im politischen Betrieb so läuft, und im Optimalfall dieses Wissen nicht nur aus einschlägigen Boulevardmagazinen ziehen – oft bei exakt denselben Verfehlungen, die man Tage, Wochen, Monate oder auch mal Jahre zuvor bei Mitgliedern der eigenen Partei als vollkommen lächerlich, haltlos, Oppositionsgekreisch oder whatever abgetan hat. Will heißen: Da geht es eher sehr laut zu – unterm Strich schienen sich aber dennoch alle immer einiger darin zu werden, dass die Messlatte für Verfehlungen, die einen den Job kosten, zwingend höher gesetzt werden muss als, sagen wir mal: eine abgekupferte Doktorarbeit. Lachhafte Vorstellung, dass dafür noch jemand seinen Hut nimmt, oder? Aber googeln Sie mal, ist gar nicht so lange her, da muss man nicht bis in die Kreidezeit zurück. Bereicherung? Kann passieren, Lausbubenstreich im Zweifel. Lügen? Muahaha, wo kämen wir da hin?

Verstehen Sie mich auch hier nicht falsch, liebe Leserinnen und Leser: Ich kenne so einige Menschen im Politikbetrieb, auch im Deutschen Bundestag, und da sind weiß Gott welche dabei, denen ich deutlich mehr zutrauen würde, wenn sie mal eine größere Verfehlung einräumen müssten. Und ich bin der festen Überzeugung, dass kein politisches Amt so gut bezahlt ist, wie die Menschen es wert sind, die solche Posten mindestens mal vernünftig ausfüllen. Und zu guter Letzt: Bei all den Verfehlungen, den verschobenen Maßstäben, den himmelschreienden Eskapaden, für die ein Rücktritt sowas von überfällig wäre und doch nicht kommen wird, werde ich niemals zu denen gehören, die den Glauben an »die Politik«, die Gewalten in diesem Land, die freiheitlich-demokratische Grundordnung verlieren. Im Gegenteil, ich gehöre zu den Überzeugungstätern, die all das auch mit Leib und Seele verteidigen würden. Und das mit Stolz!

Für alle, die oben also bereits dachten, hier sei wieder einer, der sich super vor den Karren spannen lässt für politischen Missbrauch, demagogische Videos, Hetzerei oder Schlimmeres: *zensiert*

Ich möchte lediglich am Beispiel der Flutkatastrophe an der Ahr versuchen, einen ganz wesentlichen Punkt zu verdeutlichen, den sich die Menschen, die all das, was mir so am Herzen liegt, an vorderster Front ausfüllen, klar und deutlich auf die Fahne schreiben sollten:

Wir brauchen wieder eine nennenswerte politische Fehlerkultur!

Frau Spiegel, die einem rückblickend einfach nur leidtun kann, ist beileibe nicht die einzige Politikerin, die im Kontext der Flut eine unglückliche Figur abgegeben hat. Fragen Sie mal im Ahrtal herum, ob irgendjemand wirklich die Ministerpräsidentin sehen möchte zum Jahrestag? Die Antworten werden Sie ernüchtern. Fragen Sie mal, wie man zu einem Innenminister steht, der bis heute breitbrüstig verkündet, es sei im Grunde alles super im Katastrophenschutz in Rheinland-Pfalz, und für den Abend des 14.07. so wahnsinnig Originelles auch nicht zu erklären hatte.

Die von der Kreisverwaltung ursprünglich geplante Veranstaltung stand, jedenfalls für mich, nicht zuvorderst wegen der hohen Kosten in der Kritik. Sondern, weil diese hohen Kosten bedeuteten, dass es eine große Veranstaltung mit viel »Prominenz« geben würde. Also politischer Prominenz. Und die wollte keiner mehr sehen.

Denn machen wir uns nichts vor: Wenn in einem Land, in dem erkennbar nichts lähmender ist als die Bürokratie, hochrangigen Politikern nichts Schlaueres einfällt, als den Menschen in ihrem Leiden zu erklären, man werde ihnen »schnell und unbürokratisch« helfen, dann sollten diese sich bereits deswegen fragen, ob sie im Amt richtig sind.

Gar nichts geht schnell und unbürokratisch in Deutschland! Und jeder Mensch weiß das, es ist uns in die Wiege gelegt, das zu wissen (Sie lachen, aber wickeln Sie mal die Bürokratie für ein Neugeborenes ab).

Dafür sind wir nicht aufgestellt. Das ist auch nicht unser administratives Wesen. Nichts, aber auch gar nichts in der Lebensrealität gibt die Prognose her, staatliche Hilfe finanzieller Art zum Beispiel könne »schnell und unbürokratisch« gehen. Also, wie kommt man auf solche Sätze? Wer schreibt diese Reden? Hassen diese Redenschreiber ihre Chefs? Ernsthafte Frage!

Das Ergebnis jedenfalls ist doch klar: Selbst die wenigen, die noch dran geglaubt hatten, sich blenden ließen vom Zucker, vom Duzen, vom »Ich höre Sie, ich stehe hier, ich sorge dafür, dass Ihnen geholfen wird«, sind nun enttäuscht. Ich kenne einen Ordensträger, der drauf und dran ist, den Orden zurückzugeben. Die allermeisten Menschen stehen natürlich nach wie vor solide auf dem Boden des Grundgesetzes, wenn auch verbittert bis wütend. Aber auch hier wieder: ein wunderbares Einfallstor für die Menschenfänger, die, mit Vorliebe im Internet, Opferrollen bewahren und Leute darin bestärken wollen. Mal mehr, mal wenig subtil gegen »die da oben« wetternd, die nur leere Versprechungen machen. Und zack, schon ist man drin in dem Universum, in dem alles viel besser wäre, wenn mal nur …

Mich macht das irre, können Sie sich das vorstellen?

Weil es doch so einfach wäre:

- Fehler zugeben!
- Empathisch sein!
- Keine Versprechen machen, die man nicht halten kann!

Wie schwer kann das sein?

Und dann, als Bonus – da kommen wir bis in die Lokalpolitik hinein:

- Für die Menschen arbeiten. Nicht gegen sie!

Sie erinnern sich an die Hochwasserzone und die netten Bauregeln? An den Naturhof? Sie dürfen sicher sein, es hat hier Legionen von Beispielen. Fragen Sie willkürlich 100 Menschen im Tal, und Sie hören 1.000 Geschichten.

Bürokratie ist anstrengend, ich weiß. Aber nach Katastrophen wie diesen sollten wirklich alle daran mitwirken, dass Menschen, die übermäßig bürokratisch arbeiten, von ihren Vorgesetzten kurz mal den Kopf gewaschen kriegen. Das würde solche Wunder vollbringen. Würde dem Ansehen dessen nützen, was ich für so schützenswert halte.

Und nebenbei, wenn wir die Spiralen wieder rückwärts abwickeln, die Verantwortungsfrage wieder ernster nehmen und am Ende zu einer Politik zurückfinden, zu der die Leute aufblicken können: Dann verhindern wir auch, was ich für das Schlimmste halte: dass wir die Menschen an Parteien verlieren, die eigentlich auf den Müllhaufen der Geschichte gehören!

EPILOG

Es ist der 14.06.2022, ein Monat noch bis zum Jahrestag.

Das Buch ist fertig, ich – im Vergleich zum letzten Buchabschluss – nicht unbedingt, was mich wirklich froh macht. Es ist also wieder genug Kraft da. Kraft, die ich aus meiner Familie ziehe, meinem Zuhause, meinem halbwegs geregelten Leben, das Tag für Tag besser wird. Aus der Normalität, die immer stärker Raum greift. Ein bisschen wie das »Nichts« aus der »Unendlichen Geschichte«, nur eben in schön (Wie cool wäre das? Das »Alles«. Ende, übernehmen Sie!).

Erst heute fiel mir auf, wie viele Häuser und Vorgärten um uns herum plötzlich in voller Pracht stehen. Man kommt gar nicht mehr nach mit dem Staunen. Natürlich gibt es dazwischen Schatten, Lücken, Mahnmale, die einen nicht vergessen lassen.

Aber es ist richtig, es jetzt anders zu sehen.

Das Gute zu betonen.

Nicht mehr nur darauf herumzureiten, wie schlimm es vielerorts noch steht (ja, tut es!), sondern unglaublich stolz zu sein auf das, was die Menschen in diesem Tal bereits geschafft haben. Wir haben eine Katastrophe erlebt, wir hatten – auch wenn es inzwischen ein bisschen wie Hohn klingt, wenn man nach Osten blickt – Kriegszustände hier. Und wenn ich heute, nicht mal ein Jahr später, durch die Straßen gehe, erlebe ich manchmal für zwei, drei oder sogar vier Häuser hintereinander einfach nur Heiles. Und das sind nicht nur Versicherte. Das sind nicht nur Privilegierte. Das sind ganz normale Menschen, die alles gegeben und alles an Hilfe genutzt haben, um ihr Zuhause wieder genau dazu zu machen. Was für eine Power! Ich war noch nie stolzer, hier zu leben.

Was uns angeht, ich weiß, manche hätten sich da mehr gewünscht. Aber seien Sie nachsichtig, wir haben bereits sehr viel von uns preisgegeben, und eigentlich war das nicht unsere Absicht. *Es war doch nur Regen!?* wäre anders nicht möglich gewesen. Dieses Buch hier schon.

Ich darf Ihnen aber sagen, dass wir uns auf unseren Sommerurlaub freuen. Drei Wochen, in denen ich, das darf ich Ihnen versichern, sicher kein Wort an welchem Buch auch immer schreiben und mich, so gut es geht, ausschließlich meiner Familie widmen werde. Gott, was freue ich mich da drauf. Und hey, meine Schwiegereltern sind auch dabei. Ich musste das einfach schreiben, Sie erinnern sich, die Klischees?

Wenn alles gut läuft, ist bis dahin auch der Außenputz wieder neu, das wäre noch mal ein Highlight. Der Rest wäre Kleinkram. Und den kriegen wir hin.

Was dann kommt, will ich allen Ernstes mit dem kitschigsten aller Zitate umschreiben, das es nur geben kann. Aber es hilft nichts, nach all dieser Sch…, was soll da noch passieren, um es zu verhindern?

Also, here we go:

Und sie lebten glücklich und zufrieden bis an ihr Lebensende.

Möge es Ihnen allen ähnlich gehen!

ANDY NEUMANN
ES WAR DOCH NUR REGEN!?
Protokoll einer Katastrophe
GMEINER
SPIEGEL Bestseller